[von süß bis pikant]

Aufstriche, Konfitüren & Co.

compact via

Abkürzungen

EL	Esslöffel	TK	Tiefkühl...
TL	Teelöffel	Bd.	Bund
kg	Kilogramm	Msp.	Messerspitze
g	Gramm	kcal	Kilokalorien
mg	Milligramm	kJ	Kilojoule
l	Liter	EW	Eiweiß
ml	Milliliter	F	Fett
cl	Zentiliter	KH	Kohlenhydrate
gestr.	gestrichen	1 kJ = 0,239 kcal	
geh.	gehäuft	1 kcal = 4,184 kJ	

compact via ist ein Imprint der Compact Verlag GmbH

Baierbrunner Straße 27, 81379 München
Ausgabe 2016

Einleitungstext: Frank Müller
Redaktionsleitung: Isabel Martins
Produktion: Ute Hausleiter
Abbildungen: siehe Bildnachweis S. 128
Titelabbildungen: StockFood (vorn), Wilde Blaubeeren aus Nordamerika (hinten oben), California Walnut Commission (hinten Mitte), shutterstock.com/sarsmis (hinten unten)
Gestaltung: textum GmbH, München
Umschlaggestaltung: red.sign GbR, Stuttgart

ISBN 978-3-8174-1236-5
381741236/1

www.compactverlag.de

Inhaltsverzeichnis

Vielfalt kommt aufs Brot

Ob süß oder pikant, ob klassisch oder raffiniert, ob für den bunt gedeckten Frühstückstisch, das Partybuffet oder gar als pfiffige Geschenkidee – bei der Zubereitung von Brotaufstrichen sind der Fantasie kaum Grenzen gesetzt. Und das Gute dabei: Die meisten sind mit wenigen Handgriffen zubereitet und lassen sich oft für längere Zeit konservieren.

Süße Früchtchen

Fruchtaufstriche zaubern auch an tristen Wintertagen Erinnerungen an den Sommer auf den Tisch. Denn fast alle Obstsorte lassen sich durch Einmachen problemlos für mehrere Monate haltbar machen, wenn Sie einige einfache Regeln beherzigen – und zwar ganz ohne Konservierungs- und Farbstoffe.

Doch was ist was? Für ein wenig Verwirrung sorgen die unterschiedlichen Bezeichnungen. Fruchtaufstriche gibt es in drei Varianten: Streng genommen – so will es die EU – dürfen Fruchtaufstriche nur dann die Bezeichnung Marmelade tragen, wenn sie aus Zitrusfrüchten bestehen. Alle anderen Fruchtaufstriche mit Obststückchen müssten demnach als Konfitüre bezeichnet werden. Da sich aber der allgemeine Sprachgebrauch nicht um bürokratische Verordnungen kümmert, heißt die Erdbeerkonfitüre hierzulande eben auch Erdbeermarmelade.

Weniger verwirrend ist es da ums Gelee bestellt: Dieses wird stets nur aus (Frucht-)Saft hergestellt, enthält also folglich auch keine Fruchtstücke. Klassiker sind Johannisbeer- oder Quittengelees. Es geht aber auch raffinierter. Versuchen Sie doch einmal ein Weißweingelee!

Das A und O – Obst:

Warum in die Ferne schweifen? Viele Fruchtaufstriche gelingen besonders gut, wenn Sie Früchte verwenden, die vor der eigenen Haustür gedeihen. Denn nur so haben sie die Gelegenheit, möglichst lange am Baum oder Strauch Sonnenstrahlen einzufangen und ein volles Aroma zu entwickeln. Übrigens müssen die Früchte dazu nicht unbedingt vollreif sein – leicht unreifes Obst enthält besonders viel natürliches Pektin, also jenes Zaubermittel, das für das Gelieren von Marmelade, Konfitüre und Gelee verantwortlich ist. Früchte hingegen, die einen langen Transportweg zum Endverbraucher vor sich haben, werden oft in einem sehr frühen Stadium gepflückt und können trotz künstlichen Nachreifens den Rückstand eigentlich nicht mehr aufholen. Und das schmeckt man.

Wenn Sie also keinen eigenen Garten haben, greifen Sie zu frischen und regionalen Produkten von Märkten oder aus dem Obst- und Gemüseladen um die Ecke. Sind diese nicht zu bekommen, kann auch durchaus Tiefgekühltes als Alternative dienen. Und halten Sie den Saisonkalender im Blick, den Sie beispielsweise bei Verbraucherzentralen bekommen. So verarbeiten Sie etwa Aprikosen am besten im August oder September, heimische Blaubeeren zwischen Juni und September und Erdbeeren frühestens Ende Juni und im Juli.

Aber welches Obst eignet sich überhaupt für Fruchtaufstriche? Die Antwort: fast jedes. Ob Steinobst, Kernobst oder Beeren, Zitrusfrüchte oder Rhabarber, mit der richtigen Verarbeitung kann alles ins Glas. Denn gerade solche Klassiker wie Erdbeeren, Blaubeeren oder Kirschen haben

von Natur aus einen eher geringen Pektingehalt. Doch dafür gibt es schließlich Gelierzucker.

Ohne Zucker geht es nicht!

Zucker sorgt dafür, dass das Fruchtaroma erhalten bleibt und Marmelade, Konfitüre oder Gelee überhaupt längere Zeit haltbar sind. Grundsätzlich ist es auch möglich, Haushaltszucker zu verwenden. Diesen sollten Sie dann jedoch für ca. 20 Minuten in einer hitzebeständigen Schüssel bei sehr niedriger Hitze in den Backofen stellen. So löst sich der Zucker beim Kochen leichter auf. Vor allem für das Einmachen pektinarmer oder sehr reifer Früchte muss jedoch ein Geliermittel zugegeben werden. Am einfachsten ist es daher, zu Gelierzucker zu greifen, dem bereits Pektin zugesetzt ist.

Gelierzucker gibt es in drei Varianten mit unterschiedlichem Pektingehalt: 1:1, 2:1 und 3:1. Das Mischverhältnis gibt dabei an, wie viele Teile Obst und wie viele Teile Zucker verwendet werden müssen. Beim klassischen Mischverhältnis von 1:1 kommen also auf 500 g Früchte ebenso 500 g Zucker.

Wer es weniger süß mag, wählt dagegen eine der beiden anderen Varianten, bei denen der Zuckergehalt halbiert oder gar gedrittelt wird. Und achten Sie bei der Verwendung von Gelierzucker stets auf das Haltbarkeitsdatum, da das Pektin mit der Zeit seine Gelierkraft verliert.

Wer Bio-Fruchtaufstriche wünscht, kann anstatt des Gelierzuckers, der häufig Konservierungsstoffe enthält, auch Agavendicksaft verwenden. Der aus mexikanischen Agaven gewonnene Sirup ist süßer als Honig, jedoch nicht so zähflüssig. Falls nötig, kann als Geliermittel auch Agar-Agar dienen, das aus bestimmten Algenarten gewonnen wird. Agavendicksaft wird einfach mit den Früchten aufgekocht, Agar-Agar sollte zuvor mit Wasser angerührt werden. Beachten Sie dabei die genaue Dosierung (ca. 3 gestrichene TL pro 1 kg Früchte), um Geschmacksverluste und eine zähe Konsistenz des Fruchtaufstrichs zu vermeiden.

Und sonst?

Für das gewisse Extra können Sie Ihren Fruchtaufstrich mit diversen Gewürzen und Kräutern verfeinern. Dabei mag manches beim ersten Eindruck abenteuerlich erscheinen, doch gerade süß-herbe Kombinationen sorgen für überraschende und ungewöhnliche Gaumenerlebnisse.

Da wäre zum Beispiel **Ingwer:** Die frisch schmeckende, zitronig scharfe Wurzel der Ingwerpflanze kennt man vielleicht noch als Aroma von Orangenmarmelade. Eine exotische Verbindung geht sie hingegen mit Rhabarber und Maracujasaft ein. Eher etwas für eingefleischte Ingwerfans ist dagegen eine Ingwerkonfitüre aus reichlich Ingwer und Weißwein. Weniger scharf, dafür aber noch zitroniger und frischer im Geschmack ist **Zitronengras**. Oder wie wäre es einmal mit **Kardamom**? Im Geruch an dunkle Schokolade und heißen Kakao erinnernd, weckt er Bilder vom Morgenland und passt beispielsweise zu einer Kombination aus Birnen und Cranberrys.

Weniger gewagt erscheint da die Verwendung von **Vanille**. Mit ihrem unverwechselbaren feinherben, dezent lieblichen und sahnigen Geschmack eignet sie sich für eine Vielzahl von Fruchtaufstrichen, sei es aus Erdbeeren, Himbeeren, Blaubeeren oder auch Rhabarber. Verwenden Sie dabei stets echte Vanilleschoten und nicht etwa künstlich hergestelltes Aroma.

Neugierig geworden? Dann lassen Sie doch Ihrer Fantasie freien Lauf. Selbst mit herb-bitteren Kräutern wie Basilikum, Rosmarin oder Lavendel lassen sich raffinierte Kreationen zaubern. Einige Vorschläge hierzu finden Sie in unseren Rezepten.

Richtig einmachen

Damit Sie mit Ihrem Fruchtaufstrich „über den Winter kommen", gilt es, einige Tipps zu beherzigen. Zunächst sollten Sie beim Konservieren ganz besonders auf ausreichend Hygiene achten, also lieber einmal zu oft die Hände waschen und zum Abwischen besser Küchenkrepp statt eines Geschirrtuchs verwenden. Als Abfüllbehälter können spezielle Einmachgläser verwendet werden, die es im Handel beispielsweise mit Bügelverschluss und Gummiringen zum Abdichten gibt. Es ist aber auch möglich, Konfitüre-, Joghurt- oder Gurkengläschen wiederzuverwerten. Nehmen Sie nach Möglichkeit kleine Gläser, damit der Fruchtaufstrich schnell aufgebraucht werden kann. Und achten Sie darauf, dass die Gläser gründlich gereinigt und sterilisiert werden. Legen Sie die Gläser und Deckel hierzu nach dem Spülen für 10 Minuten in kochendes Wasser, nehmen Sie sie danach mit einer Küchenzange aus dem Topf und lassen Sie sie auf einem sauberen Tuch an der Luft vollständig trocknen.

Bevor es ans Abfüllen geht, sollten Sie die Gelierprobe machen. Geben Sie die gekochte Fruchtmasse auf einen Tellerrand. Verläuft diese auf dem schräg gehaltenen Teller, muss die Kochzeit noch etwas verlängert werden. Fällt die Gelierprobe positiv aus, kann es hilfreich sein, beim Abfüllen einen Marmeladentrichter zu verwenden. Verschließen Sie dann unverzüglich die Gläser und stellen Sie sie für einige Minuten auf den Kopf. So bildet sich ein Vakuum, das zusätzlich Schimmelbefall des Fruchtaufstrichs vorbeugt. Beschriftet und an einem kühlen, dunklen und trockenen Ort gelagert – auch Einfrieren ist möglich –, sollte Ihr Fruchtaufstrich nun einige Monate haltbar sein.

Pikantes für alle Geschmäcker

Äußerst vielfältig ist auch das Potpourri der pikanten Brotaufstriche. Naheliegend sind Varianten mit Milchprodukten als Basiszutat, aber auch Aufstriche mit Fleisch und Fisch oder vegane Rezeptideen werden Ihnen in diesem Buch vorgestellt.

Sie bieten sich als schnell zubereitete Leckerbissen für die abendliche Stulle genauso an wie auch als raffinierte Bereicherungen für ein Buffet.

Pikantes aus Milchprodukten

Nahezu alles, was das Kühlregal an sogenannten fermentierten bzw. extrahierten Milchprodukten hergibt, kann auch für Brotaufstriche verwendet werden. Dabei erhalten Sie normalerweise besonders cremige Aufstriche, die im Kühlschrank auch einige Tage haltbar sind. Schon ein – mitunter verschmähter – Klassiker zeigt sich sehr wandlungsfähig: **Butter** kann durch Zugabe von Kräutern oder anderen Gewürzen im Handumdrehen zu Aromenbutter verfeinert werden. Wichtig ist dabei, die Butter bei Zimmertemperatur zu verarbeiten. Ob man sich für die milde und sahnige Süßrahmbutter oder die durch Zugabe von Milchsäurebakterien

hergestellte, herzhaft-säuerliche Sauerrahmbutter entscheidet, ist letztlich Geschmacksache. Fettreduzierte Butter ist dagegen keine echte Alternative, ihr Geschmack eher einfach.

Doch keine Sorge, auch wer leichtere Aufstriche wünscht, wird bei den unterschiedlichen **Frischkäsevarianten** fündig, zu denen neben Hüttenkäse, Ricotta und Mascarpone auch Quark gehört. Die meisten Sorten werden aus pasteurisierter und erwärmter bzw. erhitzter Milch oder auch Sahne gewonnen, denen Lab, Milchsäurebakterien oder andere Säure zugegeben werden. Nach dem Gerinnen der Milch oder Sahne wird die Molke von dem nun mehr oder weniger festen Käsebruch getrennt. Das Ergebnis sind diverse Frischkäsearten, die sich je nach Herstellung und verwendeter Milch stark im Geschmack unterscheiden können. Als recht neutrale Basis bietet sich Quark an, zu den Sorten mit markantem Eigengeschmack gehört beispielsweise Ziegenfrischkäse.

Auch in ihrem Fettgehalt weisen die Sorten große Unterschiede auf. Dabei wird stets der Fettgehalt in der Trockenmasse, „Fett i. Tr." abgekürzt, angegeben, also der Fettgehalt aller Käsebestandteile außer dem Wasser. Um den absoluten Fettgehalt zu ermitteln, sollte man den Wert mit dem Faktor 0,3 multiplizieren. Ein Quark der Halbfettstufe (20 g Fett i. Tr.) enthält also pro 100 g ca. 6 g Fett. Im Vergleich dazu: Butter hat einen absoluten Fettgehalt von 83 g pro 100 g. Magerquark sollten Sie mit etwas Milch cremig rühren. Und noch ein Tipp: Um zu flüssige Brotaufstriche zu vermeiden, kann es hilfreich sein, den Quark in einem Sieb abtropfen zu lassen oder durch ein Küchentuch auszupressen.

Pikantes aus Gemüse & Co.

Doch auch ganz ohne Milchprodukte lassen sich – wenn auch mitunter mit etwas mehr Aufwand – leckere Aufstriche zaubern. Den Anfang machen die kalorienarmen **Hülsenfrüchte**, die reich an Eiweiß, Ballast- und Mineralstoffen sind. Sofern Sie getrocknete Linsen, Kichererbsen, weiße und Kidneybohnen oder Erbsen verwenden, müssen diese natürlich zunächst gekocht werden. Zwar ist es oft nicht zwingend notwendig, die Hülsenfrüchte zuvor auch noch über Nacht in kaltem Wasser einzuweichen, doch verringert dies die Garzeit. Zudem sind eingeweichte Hülsenfrüchte bekömmlicher.

Rein vegan sind auch unsere Rezeptideen auf der Basis von **Sojabohnen**, die ebenfalls zur Familie der Hülsenfrüchtler gehören und wie diese zunächst auch gekocht und püriert aufs Brot kommen können. Darüber hinaus ist die proteinreiche Sojabohne aber ein echter Verwandlungskünstler und wird unter anderem zur Herstellung von Milchersatzprodukten oder auch Tofu verwendet. Letzterer entsteht, indem Sojabohnen mit Wasser zu einem Püree gemahlen werden. Durch anschließendes Filtern und die Zugabe von natürlichen Gerinnungsmitteln wird die Flüssigkeit zum Stocken gebracht: Es entsteht ausgeflocktes Sojaeiweiß, eine Art „Käse", der dann noch gepresst wird. Bei Seidentofu wird der Pressvorgang ausgelassen, weshalb er in seinen Eigenschaften eher Quark ähnelt.

Bunte, gesunde und saisonale Abwechslung bieten die unterschiedlichsten Gemüsesorten. Auch bei deren Verarbeitung ist der Aufwand naturgemäß etwas höher. Das **Gemüse** muss geputzt, eventuell geschält und vorbereitet werden. Roh geben **Radieschen**, **Möhren** oder **Paprika** – fein geraspelt oder gewürfelt – dann einem sommerlichen Kräuterquark Frische und Biss.

Gemüsesorten wie **Auberginen**, **Kürbisse** oder **Rote Bete** müssen vor der Weiterverarbeitung auch noch gekocht oder gebacken werden. Ideale Kom-

binationen gehen sie mit **Nüssen** ein, die wiederum auch solo schon für leckere Aufstriche herhalten können. Unverzichtbares Küchenequipment ist dabei in den meisten Fällen ein Pürierstab, mit dem alle Zutaten zu einem glatten Mus vermengt werden.

Pikantes aus Fleisch & Fisch

Oberste Regel bei der Zubereitung vieler fleisch- oder fischhaltiger Aufstriche ist die Verwendung frischer Ware. Besonders wenn Sie Met oder Tatar vom Rind oder Fisch verarbeiten, sollten Sie der Gefahr von Salmonellenbildung vorbeugen und die Produkte unbedingt noch am Tag des Einkaufs verwerten. Unkomplizierter ist die Verwendung von geräuchertem Fleisch oder Fisch oder auch von in Dosen konservierten Waren wie Thunfisch.

Beachten Sie, dass für die Zubereitung mancher der hier vorgestellten Aufstriche ein Fleischwolf benötigt wird. Ganz sicher ohne diesen kommen Sie aus, wenn Sie Speck und Schweinefleisch zu Rilettes verfeinern. Die französische Spezialität hält sich in kleine Gläser abgefüllt im Kühlschrank bis zu 2 Wochen. Noch länger kann grundsätzlich Schmalz aufbewahrt werden, sofern diesem nicht weitere, verderbliche Zutaten beigemengt wurden. Übrigens ist es ein Einfaches, Schmalz selbst herzustellen: beispielsweise aus Flomen, dem weichen Bauchspeck vom Schwein, der ausgelassen wird, bis nur noch die Grieben übrig geblieben sind.

Tipps zur Aufbewahrung

Vorsicht ist besser als Nachsicht. Wer die üblichen Hygienestandards einhält, wird auch noch nach einigen Tagen Freude an den Brotaufstrichen haben: Verwenden Sie also stets frische bzw. reife Produkte, waschen und säubern Sie alles gründlich und reinigen Sie Ihr Küchenwerkzeug – gegebenenfalls auch zwischendurch – mit heißem Wasser. Ebenso sollten die Behälter gründlich gesäubert werden und sich nach dem Befüllen möglichst nur kurze Zeit außerhalb des Kühlschranks befinden. Pestos oder Pasten aus Nüssen, Hülsenfrüchten und Oliven halten sich übrigens etwas länger, wenn man sie mit einem sauberen Messer glatt streicht und mit einer dünnen Ölschicht benetzt. Und schließlich ist es auch möglich, manche Brotaufstriche aus Gemüse und Hülsenfrüchten (nicht aber aus Milchprodukten oder Tofu) einzufrieren. Lassen Sie diesen nur beim Auftauen Zeit und stellen Sie sie am besten über Nacht in den Kühlschrank.

Guten Appetit!

Süße Konfitüren & Marmeladen

Exotischer Morgengruß *(Abb. S. 13)*

Für 6 Gläser à ca. 350 ml:
- 1 kg Rhabarber
- 20 g Ingwer
- 200 ml Maracujasaft
- 1 kg Gelierzucker 1:1 (z. B. von SweetFamily)

Zubereitungszeit:
30 Min.

Nährwerte pro Glas:
672 kcal • 2812 kJ •
2 g EW • 1 g F • 160 g KH

1 Rhabarber waschen, schälen und putzen und dann in Würfel schneiden. Ingwer schälen und auf der Küchenreibe sehr fein raspeln. Fest verschließbare Twist-off-Gläser gründlich mit heißem Wasser und Spülmittel reinigen und auf einem sauberen Küchenhandtuch gut abtropfen lassen.

2 Rhabarber, Ingwer und Maracujasaft in einen ausreichend großen Topf geben. Mit Gelierzucker vermengen und das Ganze unter ständigem Rühren aufkochen. Ca. 4 Minuten sprudelnd kochen lassen. Dabei ab und zu umrühren.

3 Die Konfitüre randvoll in die vorbereiteten Gläser füllen. Diese fest verschließen und auf den Kopf stellen. Etwas abkühlen lassen und danach wieder umdrehen.

TIPP

Maracuja ist bei uns auch als Passionsfrucht bekannt. Sie kommen mit einer schrumpeligen Schale in den Handel; vor der Ernte ist sie allerdings glatt. Maracujas enthalten B-Vitamine, Karotin und verdauungsfördernde Fruchtsäuren.

Trauben-Feigen-Aufstrich

Für 7 Gläser à ca. 230 ml:
- 1 kg kernlose helle Trauben
- 10 Feigen
- 625 g Gelierzucker 2:1

Zubereitungszeit:
30 Min.

Nährwerte pro Glas:
176 kcal • 750 kJ •
1 g EW • 0 g F • 43 g KH

1 Die Trauben waschen und von den Stielen zupfen. Die Feigen kalt waschen, Stiele abschneiden und die Früchte anschließend längs in feine Scheiben schneiden.

2 Trauben in einen großen Topf geben und erhitzen, bis sie etwas Saft ziehen. Mit dem Pürierstab grob zerkleinern, mit Gelierzucker mischen und alles zum Kochen bringen.

3 Dann die in Scheiben geschnittenen Feigen mit in den Topf geben. Das Ganze unter ständigem Rühren 4 Minuten sprudelnd kochen lassen.

4 Die Konfitüre sofort in heiß ausgespülte Gläser füllen. Diese gleich fest verschließen und 5 Minuten auf die Deckel gewendet stehen lassen.

5 Während des Abkühlens mehrmals wenden, damit sich die Feigenscheiben gleichmäßig im Glas verteilen. An einem trockenen Ort kühl und dunkel lagern.

Kirschkonfitüre (Abb. S. 15)

Für 2 Gläser à ca. 350 ml:
- 1 Orange (unbehandelt)
- ca. 500 g Sauerkirschen
- 100 ml Holundersaft
- 250 g Gelierzucker 2:1
- 1 Stiel Lavendelblüten (unbehandelt)

Zubereitungszeit:
45 Min.

Nährwerte pro Glas:
701 kcal • 2933 kJ •
4 g EW • 1 g F • 161 g KH

1 2 Einmachgläser mit Bügelverschluss gründlich mit heißem Wasser und mit Spülmittel reinigen. Auf einem sauberen Küchenhandtuch gut trocknen lassen.

2 Orange mit heißem Wasser waschen und trocken reiben. Die Schale fein abreiben und die Frucht auspressen.

3 Kirschen waschen und entsteinen. Eine Handvoll Kirschen beiseitelegen, den Rest in einen Topf geben. Diese Kirschen mit einem Stabmixer grob zerkleinern.

4 Orangenschale und -saft, Holundersaft sowie Gelierzucker mit in den Topf geben und unterrühren. Lavendelblüten vom Stiel zupfen und ebenfalls dazugeben. Aufkochen und 4 Minuten unter Rühren sprudelnd kochen lassen.

5 Kurz vor Ende der Garzeit die ganzen Kirschen einrühren. Dann die Konfitüre randvoll in die vorbereiteten Gläser füllen. Gläser fest verschließen und 5 Minuten auf die Deckel gewendet stehen lassen. Auskühlen lassen und an einem dunklen, trockenen Ort aufbewahren.

TIPP

Wer es etwas ausgefallener mag, kann noch Walnüsse zugeben. 50 g Walnusskerne nur ganz grob hacken und in einer Pfanne ohne Fettzugabe rösten. Dann mitkochen.

Orangen-Grapefruit-Marmelade

Für 5 Gläser à ca. 250 ml:
- 650 g Grapefruits
- 650 g Orangen
- 500 g Gelierzucker 2:1
- 4 EL Orangenlikör

Zubereitungszeit:
40 Min.

Nährwerte pro Glas:
168 kcal • 715 kJ •
0 g EW • 0 g F • 40 g KH

1 Grapefruits und Orangen schälen, dabei weiße Häute abziehen. Fruchtfilets aus den Zwischenwänden heraustrennen und dann jeweils 500 g Grapefruit- und Orangenfruchtfleisch abwiegen.

2 Zitrusfrüchte in einen großen Topf geben, mit Gelierzucker verrühren und unter Rühren bei starker Hitze zum Kochen bringen. Die Frucht-Zucker-Masse mindestens 3 Minuten unter ständigem Rühren sprudelnd kochen lassen, dann vom Herd nehmen. Den Orangenlikör unter Rühren langsam mit der Fruchtmasse vermengen.

3 Marmelade abschäumen, vorbereitete Gläser randvoll mit Marmelade füllen. Gläser fest verschließen, umdrehen und ca. 5 Minuten auf den Deckeln stehen lassen. Dann umdrehen und dunkel und trocken lagern.

Ball

Blaubeer-Rosmarin-Konfitüre *(Abb. S. 17)*

Für 4 Gläser à ca. 350 ml:
- 1 kg wilde TK-Blaubeeren
- 1 Zitrone (unbehandelt)
- 1 Vanilleschote
- 2 Zweige Rosmarin
- 500 g Gelierzucker 2:1

Zubereitungszeit:
20 Min.

Nährwerte pro Glas:
611 kcal • 2556 kJ •
2 g EW • 2 g F • 143 g KH

1 Blaubeeren antauen lassen. Zitrone heiß waschen und trocken reiben, dann die Schale abraspeln. Zitrone halbieren und auspressen.

2 Vanilleschote mit einem spitzen Messer längs aufschneiden und das Mark herauskratzen. Rosmarinzweige abbrausen und trocken schütteln. 4 Gläser mit Schraubverschluss gründlich reinigen und auf einem sauberen Küchentuch vollständig trocknen lassen.

3 Blaubeeren in einen großen Topf geben und aufkochen. Gelierzucker mit Zitronensaft und -schale, Vanillemark und Rosmarinzweigen hinzugeben. Unter ständigem Rühren ca. 5 Minuten kochen lassen.

4 Marmelade randvoll in die vorbereiteten Gläser füllen. Fest verschließen und für etwa 5 Minuten auf den Kopf stellen. Gläser wieder umdrehen und erkalten lassen.

Kürbis-Orangen-Marmelade

Für 4 Gläser à ca. 350 ml:
- 1 kg Kürbis
- 3 Orangen (unbehandet)
- 500 g Gelierzucker
- 50 g eingelegter Ingwer

Zubereitungszeit:
30 Min.
Garzeit:
90 Min.

Nährwerte pro Glas:
132 kcal • 559 kJ •
1 g EW • 0 g F • 32 g KH

1 Kürbis halbieren, Kerne und Fasern entfernen. Das Fruchtfleisch dann in kleine Würfel schneiden.

2 Orangen heiß waschen und trocken reiben, Schale abreiben und Saft auspressen. Orangenschale, 200 ml Wasser, zwei Drittel des Kürbisfleisches und die Hälfte des Gelierzuckers in einen großen Topf geben. Ca. 1 Stunde kochen lassen und zwischendurch abschäumen.

3 Inzwischen das restliche Kürbisfruchtfleisch mit übrigem Zucker und Orangensaft in einen weiteren Topf geben, erhitzen und ca. 30 Minuten kochen lassen. Anschließend pürieren.

4 Nach Ende der Garzeiten beide Kürbismischungen in einem Topf vermengen. Ingwer grob hacken, dazugeben und das Ganze weitere 30 Minuten bei mittlerer Hitze kochen.

5 Kürbis-Orangen-Marmelade in vorbereitete Gläser füllen, gut verschließen und zum Auskühlen auf die Deckel stellen.

Erdbeerkonfitüre *(Abb. S. 19)*

Für 2 Gläser à ca. 300 ml:
- 500 g reife Erdbeeren
- 2 EL Zitronensaft, frisch gepresst
- 250 g Gelierzucker 2:1

Zubereitungszeit:
30 Min.
Ziehzeit:
1 Std.

Nährwerte pro Glas:
642 kcal • 2686 kJ •
3 g EW • 2 g F • 149 g KH

1 Erdbeeren putzen, kurz kalt abbrausen und in einem Küchensieb abtropfen lassen. Dann je nach Größe halbieren oder vierteln.

2 Erdbeeren mit einer Gabel oder einem Kartoffelstampfer zerdrücken. Mit Zitronensaft und Gelierzucker in einen großen Topf geben und vermengen. Deckel auflegen und das Ganze mindestens 1 Stunde Saft ziehen lassen.

3 2 Einmachgläser mit Bügelverschluss gründlich mit heißem Wasser sowie Spülmittel reinigen und trocknen lassen. Inzwischen die Fruchtmasse bei starker Hitze unter ständigem Rühren aufkochen und 3 Minuten sprudelnd kochen lassen. Die Gelierprobe machen und die Konfitüre abschäumen.

4 Die Erdbeerkonfitüre sofort randvoll in die vorbereiteten Gläser füllen und fest verschließen. Gläser 5 Minuten auf die Deckel stellen, dann umdrehen und abkühlen lassen. An einem trockenen Ort kühl und dunkel lagern.

TIPP

Erdbeerkonfitüre lässt sich wunderbar variieren. Eine feine aromatische Note bekommt sie, wenn man 20 große, in feine Streifen geschnittene Basilikumblätter nach dem Abschäumen unter die Erdbeerkonfitüre rührt. Oder wie wäre es mit einer pikanten Variante? Dafür 4 TL eingelegte grüne Pfefferkörner aus dem Glas abspülen, in einem Sieb abtropfen lassen und ganz fein hacken; danach unter die noch warme Konfitüre rühren.

Pflaumenaufstrich

Für 4 Gläser à ca. 300 ml:
- 1,2 kg Pflaumen
- 175 g Honig
- 350 g Gelierzucker 3:1
- 1–2 Zimtstangen
- 100 ml heller Balsamico-Essig

Zubereitungszeit:
25 Min.

1 Pflaumen mit kaltem Wasser waschen und entsteinen. Das Fruchtfleisch in kleine Würfel schneiden und mit Honig, Zucker und Zimt in einem Topf gut vermischen.

2 Früchte auf großer Flamme zum Kochen bringen und ca. 3 Minuten sprudelnd kochen lassen. Essig angießen und die Zimtstangen entfernen.

3 Die Konfitüre in vorbereitete, heiß ausgespülte Gläser füllen. Die Gläser fest verschließen und dann für ca. 5 Minuten auf die Deckel stellen.

Nährwerte pro Glas:
139 kcal • 592 kJ •
0 g EW • 0 g F • 34 g KH

Cranberry-Birnen-Konfitüre *(Abb. S. 21)*

Für 3 Gläser à ca. 350 ml:
- 10 Kardamomkapseln
- 1 Vanilleschote
- 2 kleine Birnen
- 500 g frische Cranberrys
- Schale von 1 Orange (unbehandelt)
- 250 g Gelierzucker 2:1

Zubereitungszeit:
20 Min.

Nährwerte pro Glas:
466 kcal • 1950 kJ •
1 g EW • 0 g F • 120 g KH

1 Kardamomkapseln mit einem Messerrücken leicht anklopfen. Vanilleschote mit einem spitzen Messer längs aufschneiden und das Mark herauskratzen. Birnen vierteln, schälen, entkernen und in kleine Würfel schneiden.

2 3 Gläser mit Schraubverschluss mit heißem Wasser und Spülmittel gründlich reinigen. Dann auf einem sauberen Küchentuch vollständig trocknen lassen.

3 Kardamom, Vanilleschote und -mark mit Birnen und Cranberrys in einen Topf geben. 75 ml Wasser und Orangenschale zugeben. Gelierzucker einrühren. Dann das Ganze langsam unter Rühren zum Kochen bringen.

4 Den Sud unter ständigem Rühren 3 Minuten sprudelnd kochen lassen. Anschließend Vanilleschote und Orangenschale entfernen. Die Konfitüre randvoll in die vorbereiteten Gläser füllen. Gläser verschließen und für ca. 10 Minuten auf den Kopf stellen.

TIPP

Die Kardamomkapseln lassen sich nach dem Kochen nicht so leicht aussortieren, deshalb mit der Marmelade in Gläser füllen und erst beim Verzehr aussortieren.

Diese Konfitüre ist auch ideal zum Verfeinern von Soßen zu Wild oder Gans sowie zum Abschmecken von Rotkohl.

Erdbeer-Melonen-Konfitüre

Für 6 Gläser à ca. 250 ml:
- 750 g Erdbeeren
- 500 g Zuckermelonenfruchtfleisch
- 750 g Gelierzucker 2:1
- 1 Päckchen Zitronensäure (5 g)

Zubereitungszeit:
35 Min.

1 Erdbeeren und Melonen putzen und in kleine Stücke schneiden. Mit Gelierzucker sowie Zitronensäure in einem großen Topf gut vermischen und unter ständigem Rühren zum Kochen bringen.

2 Unter Rühren 3 Minuten sprudelnd kochen lassen, dann vom Herd nehmen und nach Bedarf abschäumen.

3 Konfitüre sofort randvoll in gründlich gesäuberte Gläser füllen und fest verschließen. Sofort umdrehen und ca. 5 Minuten stehen lassen.

Nährwerte pro Glas:
139 kcal • 592 kJ •
1 g EW • 0 g F • 33 g KH

Heidelbeerkonfitüre mit Vanillesahne

Für 5 Gläser à ca. 200 ml:
- 800 g Kulturheidelbeeren
- 500 g Agavendicksaft
- 1 Päckchen Zitronensäure (5 g)
- ½ Vanilleschote
- 125 g Crème double

Zubereitungszeit:
40 Min.

Nährwerte pro Glas:
449 kcal • 1879 kJ •
2 g EW • 9 g F • 88 g KH

1 5 fest verschließbare Gläser mit heißem Wasser und Spülmittel gründlich reinigen und auf einem sauberen Küchentuch trocknen lassen.

2 Heidelbeeren verlesen, abbrausen und gut abtropfen lassen. 750 g Heidelbeeren abwiegen und diese mit Agavendicksaft sowie Zitronensäure in einen großen Topf geben.

3 Vanilleschote längs aufschlitzen und das Mark herauskratzen. Vanilleschote und -mark zu den Heidelbeeren geben. Das Ganze bei starker Hitze unter Rühren aufkochen.

4 Konfitüremasse 4 Minuten sprudelnd kochen lassen. Vanilleschote entfernen und Beeren mit einem Kartoffelstampfer zerdrücken oder mit einem Pürierstab zerkleinern.

5 Konfitüre weitere 4 Minuten sprudelnd kochen lassen. Dann Crème double unterrühren, Masse aufkochen und weitere 2 Minuten sprudelnd kochen.

6 Die Gelierprobe machen und die Heidelbeerkonfitüre sofort randvoll in die vorbereiteten Gläser füllen. Fest verschließen und Gläser 5 Minuten auf den Deckel stellen. Dann wieder umdrehen und abkühlen lassen.

7 Gläser während des Abkühlens gelegentlich umdrehen, damit sich die Crème double nicht an der Oberfläche absetzt.

TIPP

Diese Konfitüre sollte innerhalb von 6 Monaten verbraucht werden, denn sie enthält Fett und ist deshalb weniger lange haltbar als andere Konfitüren.

Fruchtige Kirsch-Bananen-Konfitüre

(Abb. S. 25)

Für 8 Gläser à ca. 200 ml:

- 1,5 kg Sauerkirschen
- 75 g Bananen
- 500 g Gelierzucker 2:1 (z. B. von SweetFamily)

Zubereitungszeit:
20 Min.

Nährwerte pro Glas:
521 kcal • 2180 kJ • 2 g EW • 1 g F • 122 g KH

1 Kirschen kalt abbrausen und entsteinen. Anschließend 1 kg Kirschen abwiegen. Bananen schälen und mit den Sauerkirschen im Standmixer oder mit einem Stabmixer pürieren.

2 Fruchtmasse mit dem Gelierzucker vermischen und in einen Topf geben. Das Ganze zum Kochen bringen. 4 Minuten sprudelnd kochen lassen, dabei ständig umrühren, damit die Fruchtzubereitung nicht am Topfboden ansetzt.

3 8 Marmeladengläser heiß ausspülen und auf einem sauberen Küchentuch trocknen lassen. Nach erfolgreicher Gelierprobe die Konfitüre in die Gläser füllen und fest verschließen. Einige Minuten auf den Kopf stellen. Gläser kühl und dunkel aufbewahren.

Dreifarbige Konfitüre

Für 6 Gläser à ca. 450 ml:

- 500 g Schwarze Johannisbeeren
- 1,5 kg Gelierzucker 1:1
- 9 EL Zitronensaft
- 3 EL Cassislikör
- 500 g Aprikosen
- 3 EL weißer Rum
- 500 g Himbeeren
- 3 EL Himbeergeist

Zubereitungszeit:
50 Min.
Ziehzeit:
3 Std.

Nährwerte pro Glas:
211 kcal • 883 kJ • 1 g EW • 0 g F • 48 g KH

1 Johannisbeeren waschen, verlesen und mit 500 g Gelierzucker, 3 EL Zitronensaft und Cassislikör in einem Topf vermengen. Alles zugedeckt 1 Stunde ziehen lassen.

2 Aprikosen waschen, entsteinen und in kleine Stücke schneiden. Mit 500 g Gelierzucker, 3 EL Zitronensaft und dem weißen Rum mischen. Alles zugedeckt ca. 2 Stunden ziehen lassen.

3 Himbeeren vorsichtig waschen, abtropfen lassen und verlesen. Diese mit dem restlichen Gelierzucker und Zitronensaft sowie dem Himbeergeist verrühren. Früchte zugedeckt ca. 3 Stunden ziehen lassen.

4 In der Zwischenzeit 6 fest verschließbare Gläser und Deckel gründlich reinigen. Die Johannisbeermischung 2–3 Minuten sprudelnd kochen. Konfitüre auf die Gläser verteilen, dabei die Gläser nur zu einem Drittel füllen. Konfitüre abkühlen und fest werden lassen.

5 Aprikosenmischung 2–3 Minuten sprudelnd kochen, auf die fest gewordene Johannisbeerschicht füllen und abkühlen lassen.

6 Himbeeren 2–3 Minuten sprudelnd aufkochen und auf der festen Aprikosenschicht verteilen. Gläser gut verschließen, kurz auf die Deckel stellen und Konfitüre abkühlen lassen.

Goldenberry-Konfitüre (Abb. S. 27)

Für 1 Glas à ca. 360 ml:
- 100 g Goldenberrys (getrocknete Physalis)
- ½ Vanilleschote
- 15 g frische Ingwerwurzel
- 3 EL Limettensaft, frisch gepresst
- 200 g Gelierzucker 2:1

Zubereitungszeit:
30 Min.
Einweichzeit:
12 Std.
Ziehzeit:
15 Min.

Nährwerte pro Glas:
1127 kcal • 4715 kJ •
6 g EW • 0 g F • 249 g KH

1 Goldenberrys vierteln. In eine Schale geben und mit 300 ml Wasser bedecken. Abdecken und zugedeckt 12 Stunden einweichen lassen.

2 Goldenberrys mit dem Wasser mit dem Handmixer grob pürieren. Vanilleschote der Länge nach halbieren und das Mark herauskratzen. Ingwer schälen und in Scheiben schneiden.

3 Die pürierten Goldenberrys mit Vanilleschote und -mark, Ingwer, Limettensaft und Gelierzucker in einen Topf geben und alles gründlich vermischen. Dann 15 Minuten ziehen lassen.

4 Ein Glas mit Schraubverschluss gründlich mit Wasser und Spülmittel reinigen. Anschließend auf einem sauberen Küchentuch vollständig trocknen lassen.

5 Die Goldenberry-Mischung bei starker Hitze unter Rühren aufkochen und 3–4 Minuten sprudelnd kochen lassen. Dabei weiterrühren. Vanilleschote und Ingwerscheiben entfernen.

6 Die Konfitüre mit einer Schaumkelle abschäumen. Sofort randvoll in das vorbereitete Glas füllen, fest verschließen und 5 Minuten auf den Deckel stellen. Wieder umdrehen und abkühlen lassen.

Himbeer-Aprikosen-Konfitüre

Für 4 Gläser à ca. 250 ml:
- 200 g Aprikosen
- 300 g Himbeeren
- 1 Vanilleschote
- 500 g Gelierzucker 1:1
- 2 EL Aprikosenlikör

Zubereitungszeit:
30 Min.

Nährwerte pro Glas:
224 kcal • 953 kJ •
1 g EW • 0 g F • 54 g KH

1 Die Aprikosen mit kochendem Wasser überbrühen, abschrecken, häuten und entsteinen. Fruchtfleisch in kleine Stücke schneiden. Himbeeren waschen und verlesen. Die Vanilleschote der Länge nach mit einem spitzen Messer aufschlitzen und Mark herauskratzen.

2 Gelierzucker, Vanillemark und Früchte in eine Schüssel geben und vermischen. Konfitüre mit dem Schneebesen des Handrührgerätes dreimal ca. 5 Minuten durchrühren. Aprikosenlikör dazugeben und unterrühren.

3 Kalt gerührte Himbeer-Aprikosen-Konfitüre in gründlich gereinigte Gläser füllen und gut verschließen.

TIPP

Gut gekühlt ist diese kalt gerührte Konfitüre 1 Monat haltbar.

Aprikosenkonfitüre (Abb. S. 29)

Für 5 Gläser à ca. 350 ml:

- 1,5 kg Aprikosen
- 2 Orangen
- 1 Zitrone (unbehandelt)
- 500 g Gelierzucker 2:1
- 4 cl Rum

Zubereitungszeit:
30 Min.
Ziehzeit:
30 Min.

Nährwerte pro Glas:
562 kcal • 2351 kJ •
3 g EW • 0,5 g F • 127 g KH

1 Die Aprikosen mit kochend heißem Wasser überbrühen und dann abschrecken. Häuten und entsteinen, dann in kleine Stücke schneiden.

2 Orangen halbieren und den Saft auspressen. Zitrone heiß waschen, trocken reiben und die Schale fein abreiben. Den Saft auspressen.

3 Orangensaft, Zitronenschale und -saft mit den Aprikosen und dem Gelierzucker in einem großen Topf vermischen. Ca. 30 Minuten durchziehen lassen, damit sich etwas Saft bildet.

4 5 Gläser mit Schraubverschluss gründlich mit heißem Wasser und Spülmittel reinigen und auf sauberen Küchentüchern vollständig trocknen lassen. Nach Ende der Ziehzeit die Aprikosenmischung unter ständigem Rühren aufkochen und ca. 4 Minuten sprudelnd kochen lassen. Den Rum zufügen und die Gelierprobe machen.

5 Die Konfitüre randvoll in vorbereitete Gläser füllen und sofort fest verschließen. Kurz auf den Deckel stellen, dann wieder umdrehen und vollständig auskühlen lassen.

Hagebutten-Apfel-Konfitüre

Für 5 Gläser à ca. 350 ml:

- 800 g Hagebutten
- 500 g Äpfel
- 1 Orange (unbehandelt)
- 500 g Gelierzucker 2:1

Zubereitungszeit:
70 Min.
Garzeit:
20 Min.

Nährwerte pro Glas:
167 kcal • 708 kJ •
2 g EW • 0 g F • 38 g KH

1 Hagebutten waschen, Stiele und Blütenansätze entfernen. Früchte halbieren, Kerne herauskratzen und die Hagebutten nochmals waschen. Hagebutten in einen Topf geben und mit 500 ml Wasser bedecken. Dann erhitzen und in 20 Minuten weich kochen.

2 Nach Ende der Garzeit Hagebutten durch ein Sieb streichen und 500 g Fruchtmark abwiegen. Die Äpfel schälen, die Kerngehäuse entfernen und das Fruchtfleisch in Würfel schneiden. Orange heiß waschen, trocken reibem und die Schale auf einer feinen Küchenreibe abreiben.

3 Apfelstücke zum Fruchtmark geben, Masse mit Orangensaft und -schale sowie Gelierzucker vermischen. Unter Rühren aufkochen. 3 Minuten sprudelnd kochen lassen, dann noch heiß in gründlich gereinigte Gläser füllen und sofort verschließen.

Ingwerkonfitüre

Für 7 Gläser à ca. 200 ml:
- 500 g frische Ingwerwurzel
- Saft von 1 Zitrone
- 1 l trockener Weißwein
- 2 Vanilleschoten
- 1 kg Gelierzucker 1:1
- 4 cl Cognac

Zubereitungszeit:
20 Min.
Garzeit:
45 Min.
Ziehzeit:
12 Std.

Nährwerte pro Glas:
735 kcal • 3075 kJ •
1 g EW • 1 g F • 0 g KH

1 Ingwerwurzel waschen und schälen. Schalen beiseitelegen. Die Wurzel in einer Schüssel mit dem Zitronensaft beträufeln, wenden, mit Folie abdecken und beiseitestellen.

2 Ingwerschalen mit dem Wein aufkochen und 30 Minuten zugedeckt bei mittlerer Hitze auskochen. Dann vom Herd nehmen und die Schalen ca. 12 Stunden im Wein ziehen lassen. Nach Ende der Ziehzeit das Ganze durch ein Sieb gießen und den Wein auffangen.

3 Ingwerwurzel in Stücke schneiden und im Blitzhacker fein zerkleinern. Vanilleschoten längs aufschlitzen, Mark herauskratzen und Schoten halbieren. Zerkleinerten Ingwer mit Vanillemark und Vanilleschoten in den Weinsud geben und aufkochen. Den Deckel auflegen und das Ganze bei mittlerer Hitze 15 Minuten kochen lassen.

4 Von dem Ingwersud 1 kg abwiegen. Falls nötig, mit Wasser auffüllen. Den Gelierzucker einrieseln lassen und die Masse in einem Topf unter gelegentlichem Rühren in 4–5 Minuten einkochen lassen. Inzwischen 7 fest verschließbare Twist-off-Gläser gründlich mit heißem Wasser und Spülmittel reinigen und trocknen lassen.

5 Den Cognac unter die Konfitüre rühren. Die Gelierprobe machen und die kochend heiße Konfitüre in die vorbereiteten Gläser füllen. Diese fest verschließen und auf den Kopf stellen. Nach ca. 5 Minuten umdrehen und vollständig auskühlen lassen. Bis zum Verzehr dunkel und kühl lagern.

TIPP

Frische Ingwerwurzeln sind fest und haben leicht feuchte Schnittstellen. Große Mengen Ingwer erhalten Sie besonders günstig im Asialaden.

Blaubeer-Zitronengras-Konfitüre (Abb. S. 33)

Für 3 Gläser à ca. 250 ml:
- 600 g wilde TK-Blaubeeren
- 300 g Gelierzucker 2:1
- 1 Apfel
- 1 Stiel Zitronengras
- 2 Päckchen Zitronensäure (à 5 g)

Zubereitungszeit:
20 Min.

Nährwerte pro Glas:
524 kcal • 2192 kJ •
1 g EW • 2 g F • 122 g KH

1 Wilde Blaubeeren in einen Topf geben und mit dem Gelierzucker vermischen. Abdecken und auftauen lassen. 3 Gläser mit Schraubverschluss gründlich reinigen und trocknen lassen.

2 Apfel vierteln, schälen und entkernen. Das Fruchtfleisch in kleine Würfel schneiden. Den Zitronengrasstiel einmal quer halbieren.

3 Apfel und Zitronengras zu den Blaubeeren geben. Alles unter ständigem Rühren zum Kochen bringen und 3 Minuten sprudelnd kochen lassen. Zitronensäure einrühren und die Zitronengrasstücke entfernen. Die Konfitüre abschäumen.

4 Die vorbereiteten Gläser randvoll mit Konfitüre füllen. Dann fest verschließen und 10 Minuten umgedreht auf die Arbeitsplatte stellen.

TIPP

Reichen Sie zum Frühstück zu dieser köstlichen exotischen Konfitüre beispielsweise frisch gebackene Waffeln, Brioche oder helles Toastbrot.

Pfirsich-Holunder-Konfitüre

Für 10 Gläser à ca. 250 ml:
- 1 kg Pfirsiche
- 1 kg Holunderbeeren
- 1 kg Gelierzucker 2:1
- 150 g Pinienkerne

Zubereitungszeit:
40 Min.

Nährwerte pro Glas:
157 kcal • 671 kJ •
1 g EW • 0 g F • 38 g KH

1 Pfirsiche waschen, entsteinen und Fruchtfleisch klein würfeln. Die Holunderbeeren waschen, abtropfen lassen und von den Stielen streifen. 10 fest verschließbare Gläser gründlich reinigen und trocknen lassen.

2 Pfirsiche und Holunder mit Gelierzucker in einem großen Topf vermischen. Zum Kochen bringen und 5 Minuten unter ständigem Rühren sprudelnd kochen lassen.

3 Pfirsich-Holunder-Konfitüre vom Herd nehmen. Pinienkerne unterrühren und das Ganze sofort in die vorbereiteten Gläser füllen.

4 Gläser fest verschließen und 5 Minuten auf die Deckel gewendet stehen lassen. Während des Erkaltens die Gläser mehrmals wenden, damit sich die Pinienkerne gleichmäßig im Glas verteilen können. An einem dunklen und kühlen Ort aufbewahren.

Rote-Grütze-Konfitüre (Abb. S. 35)

Für 5 Gläser à ca. 200 ml:
- 300 g Sauerkirschen
- 300 g Rote Johannisbeeren
- 300 g Schwarze Johannisbeeren
- 250 g Himbeeren
- 500 g Gelierzucker 2:1

Zubereitungszeit:
50 Min.

Nährwerte pro Glas:
509 kcal • 2130 kJ •
3 g EW • 1 g F • 118 g KH

1 Kirschen und Johannisbeeren getrennt voneinander waschen und abtropfen lassen. Himbeeren verlesen. Johannisbeeren von den Rispen streifen. Kirschen entsteinen. Die Hälfte der Kirschen halbieren, die übrigen pürieren.

2 5 Twist-off-Gläser gründlich reinigen und trocknen lassen. 1 kg Früchte abwiegen und in einem großen Topf mit Gelierzucker mischen. Die Frucht-Zucker-Mischung bei starker Hitze unter Rühren aufkochen und 3 Minuten sprudelnd kochen lassen.

3 Die Gelierprobe machen und die Konfitüre abschäumen. Sofort randvoll in die vorbereiteten Gläser füllen und diese fest verschließen. Gläser auf die Deckel stellen, dann umdrehen und abkühlen lassen. An einem dunklen und kühlen Ort aufbewahren.

TIPP

Rote-Grütze-Konfitüre können Sie auch mit anderen Früchten kochen, wobei immer ein Teil püriert werden sollte. Ersetzen Sie einfach eine Fruchtsorte durch klein gewürfelte Erdbeeren, Rhabarber oder Brombeeren. Die Sauerkirschen können Sie auch durch Süßkirschen ersetzen.

Brombeerkonfitüre

Für 4 Gläser à ca. 250 ml:
- 1 kg Brombeeren
- 1 kg Gelierzucker 1:1
- Saft und Schale von 1 Zitrone (unbehandelt)

Zubereitungszeit:
30 Min.
Ziehzeit:
12 Std.

1 Brombeeren kalt waschen, in einem Sieb abtropfen lassen und verlesen. Dann mit dem Zucker in einem Topf vermischen und zugedeckt über Nacht ziehen lassen.

2 Zitronensaft und -schale zu den Beeren geben. Alles kurz aufkochen lassen und die Schale wieder entfernen.

3 Die heiße Konfitüre in gründlich gereinigte Gläser füllen, fest verschließen und 5 Minuten auf die Deckel stellen. Danach umdrehen und auskühlen lassen.

Nährwerte pro Glas:
427 kcal • 1793 kJ •
10 g EW • 23 g F • 45 g KH

Aprikosen-Mandel-Konfitüre mit Lavendel (Abb. S. 11)

Für 4 Gläser à ca. 200 ml:

- 1,5 kg Aprikosen
- 200 g gestiftete Mandeln
- 100 g Honig
- ¼ TL getrocknete Lavendelblüten
- 500 g Gelierzucker 3:1 (z. B. von SweetFamily)

Zubereitungszeit:
30 Min.

Nährwerte pro Glas:
352 kcal • 1473 kJ •
5 g EW • 10 g F • 60 g KH

1 4 fest verschließbare Twist-off-Gläser gründlich reinigen und gut abtropfen lassen. Aprikosen waschen, abtropfen lassen und entsteinen.

2 Aprikosenfruchtfleisch in einen ausreichend großen Topf geben und mit Mandeln, Honig und Lavendelblüten vermengen. Gelierzucker unterrühren. Das Ganze aufkochen und ca. 4 Minuten sprudelnd kochen lassen.

3 Aprikosen-Mandel-Konfitüre in die vorbereiteten Gläser füllen. Diese fest verschließen und auf den Deckel stellen. Etwas auskühlen lassen und dann wieder umdrehen.

TIPP

Achten Sie darauf, dass Sie die Gläser gründlich reinigen, um Verunreinigungen und Schimmelbildung zu vermeiden.

Diese Konfitüre hält sich bis zu 2 Jahre. Lagern Sie sie nach Möglichkeit an einem dunklen und nicht zu warmen Ort.

Erdbeer-Sekt-Konfitüre

Für 5 Gläser à ca. 200 ml:

- 750 g Erdbeeren
- 250 ml trockener Sekt
- 500 g Gelierzucker 2:1

Zubereitungszeit:
30 Min.

1 Erdbeeren putzen, waschen und klein würfeln. Mit Sekt und Gelierzucker in einem großen Kochtopf gut mischen und unter gelegentlichem Umrühren bei starker Hitze zum Kochen bringen.

2 Unter Rühren ca. 4 Minuten sprudelnd kochen lassen. Anschließend nach Bedarf abschäumen.

3 Die Konfitüre sofort randvoll in gründlich gereinigte Twist-off-Gläser füllen. Fest verschließen und 5 Minuten auf die Deckel gewendet stehen lassen.

Nährwerte pro Glas:
427 kcal • 1793 kJ •
10 g EW • 23 g F • 45 g KH

Süße Gelees, Cremes & mehr

Quittengelee (Abb. S. 39)

Für 3 Gläser à ca. 250 ml:
- 3 Quitten
- 1 Vanilleschote
- 500 g Gelierzucker 2:1 (z. B. von SweetFamily)

Zubereitungszeit:
20 Min.
Garzeit:
40 Min.

Nährwerte pro Glas:
462 kcal • 1933 kJ •
1 g EW • 1 g F • 110 g KH

1 Quitten waschen, vierteln und mit ca. 1 l Wasser in einen Topf geben. Die Früchte sollten dabei nicht völlig mit Wasser bedeckt sein.

2 Das Wasser zum Kochen bringen. Die Quitten 30–40 Minuten bzw. so lange kochen, bis sie weich sind. In der Zwischenzeit 3 fest verschließbare Gläser gründlich reinigen und trocknen lassen.

3 Vanilleschote längs aufschneiden und das Mark herauskratzen. 750 ml des gewonnenen Quittensafts abmessen und Vanillemark mit dem Gelierzucker dazugeben.

4 Das Ganze nochmals aufkochen und 3 Minuten sprudelnd kochen lassen. In die vorbereiteten Gläser füllen, diese fest verschließen und für ca. 5 Minuten auf den Kopf stellen. Vor dem Verzehr abkühlen lassen, am besten über Nacht.

TIPP

Sollten Sie keine frischen Quitten bekommen, können Sie auch 750 ml Quittensaft verwenden.

Holundergelee

Für 4 Gläser à ca. 500 ml:
- 500 ml Holundersaft
- 500 ml Apfelsaft
- 1 kg Gelierzucker 1:1

Zubereitungszeit:
15 Min.

1 Holunder- und Apfelsaft mit Gelierzucker in einen Topf geben und unter Rühren zum Kochen bringen. Einige Minuten sprudelnd kochen lassen.

2 Das Gelee bei Bedarf abschäumen, dabei häufig umrühren. In gründlich gereinigte Gläser füllen und sofort mit Schraubdeckeln fest verschließen. Dann umdrehen und ca. 5 Minuten auf den Deckeln stehen lassen.

Nährwerte pro Glas:
224 kcal • 950 kJ •
0 g EW • 0 g F • 55 g KH

Weißweingelee mit Maracuja (Abb. S. 41)

Für 4 Gläser à ca. 250 ml:
- 5 Maracujas
- 750 ml halbtrockener Weißwein
- 400 g Gelierzucker 2:1

Zubereitungszeit:
25 Min.

Nährwerte pro Glas:
645 kcal • 2699 kJ •
3 g EW • 1 g F • 121 g KH

1 4 fest verschließbare Gläser gründlich mit heißem Wasser und Spülmittel reinigen. Danach auf einem sauberen Küchentuch vollständig trocknen lassen. Maracujas mit einem Messer halbieren und den Inhalt auskratzen.

2 Maracuja mit dem Weißwein in einen Topf geben. Zucker einrühren, dann das Ganze zum Kochen bringen. 5 Minuten sprudelnd kochen lassen, danach die Gelierprobe machen.

3 Das Weißweingelee in die vorbereiteten Gläser füllen. Diese fest verschließen und einige Minuten auf die Deckel stellen. Dann während der Abkühlzeit die Gläser ab und zu drehen, damit sich die Kerne der Maracuja verteilen. Kühl und dunkel aufbewahren.

TIPP

Beim Kauf der Maracuja sollten Sie darauf achten, möglichst keine grünen, d. h. unreifen Exemplare zu kaufen, sondern die violetten und damit reifen. Richtig reif sind die Früchte, wenn die Schale schrumpelig aussieht.

Apfelgelee

Für 5 Gläser à ca. 250 ml:
- 1 l naturtrüber Apfelsaft
- 1 kg Gelierzucker 1:1
- 4 EL Zitronensaft
- 4 cl Calvados

Zubereitungszeit:
15 Min.

1 Apfelsaft mit Gelierzucker in einem Topf vermengen. Unter Rühren aufkochen und dann 4 Minuten sprudelnd kochen lassen. Häufig umrühren!

2 Zitronensaft und Calvados einrühren. Den Topf vom Herd nehmen und Gelee sofort in 5 gründlich gereinigte Gläser füllen.

3 Gläser fest verschließen und auf den Kopf stellen. Abkühlen lassen, nach ca. 20 MInuten umdrehen und vollständig auskühlen lassen.

Nährwerte pro Glas:
318 kcal • 1336 kJ •
2 g EW • 1 g F • 64 g KH

Himbeer-Vanille-Gelee *(Abb. S. 43)*

Für 4 Gläser à ca. 300 ml:
- 1 Vanilleschote
- 1,2 l Himbeersaft
- 500 g Gelierzucker 3:1 (z. B. von SweetFamily)

Zubereitungszeit:
25 Min.

Nährwerte pro Glas:
421 kcal • 1761 kJ •
2 g EW • 1 g F • 96 g KH

1 Die Vanilleschote längs aufschneiden und das Mark herauskratzen. Den Himbeersaft mit Vanilleschote, Vanillemark und Gelierzucker in einen Topf geben und vermengen.

2 4 fest verschließbare Gläser mit heißem Wasser und Spülmittel gründlich reinigen und auf einem sauberen Küchenhandtuch trocknen lassen. Die Saftmischung unter Rühren zum Kochen bringen und 4 Minuten kochen lassen.

3 Nach erfolgreicher Gelierprobe die Vanilleschote entfernen und das Gelee sofort in die vorbereiteten Gläser füllen. Gläser fest verschließen und anschließend ca. 5 Minuten auf den Kopf stellen. Dann umdrehen, auskühlen lassen und an einem kühlen, dunklen Ort lagern.

TIPP

Zur Gelierprobe 1 kleinen Löffel des Gelees aus dem heißen Topf nehmen und auf einen kalten Teller geben. Hält man den Teller schräg und verläuft das Gelee dabei nicht, ist es fertig.

Orangengelee mit Basilikum

Für 2 Gläser à ca. 250 ml:
- 10 Zwergorangen (unbehandelt)
- 125 g Gelierzucker 2:1
- 250 ml Orangensaft, frisch gepresst
- 12 Basilikumblätter
- 2 Spritzer Angostura (Bitterorangenlikör)

Zubereitungszeit:
30 Min.

1 Zuerst Zwergorangen heiß waschen, trocken reiben und in feine Scheiben schneiden. Kerne dabei entfernen.

2 Orangenscheiben zusammen mit Zucker und Saft in einen Topf geben. Alles unter Rühren zum Kochen bringen und 5 Minuten kochen lassen.

3 Inzwischen Basilikumblätter waschen. Dann trocken tupfen und in feine Streifen schneiden.

4 Wenn die Orangenmasse zu gelieren beginnt, Topf vom Herd nehmen und vorbereitete Basilikumstreifen und Angostura dazugeben. Gelee sofort in gründlich gereinigte Gläser füllen und diese verschließen.

Nährwerte pro Glas:
109 kcal • 463 kJ •
1 g EW • 0 g F • 25 g KH

Lemon Curd *(Abb. S. 45)*

Für 2 Gläser à ca. 250 ml:
- 75 g weiche Butter
- 3 Eier (Größe M)
- 225 g Zucker
- Saft und abgeriebene Schale von 3 Zitronen (unbehandelt)

Zubereitungszeit:
25 Min.

Nährwerte pro Glas:
952 kcal • 1992 kJ •
12 g EW • 41 g F • 131 g KH

1 Die Butter mit dem Handrührgerät schaumig schlagen. Eier nacheinander langsam unterschlagen.

2 Creme in eine Rührschüssel aus Metall geben und über einem heißen Wasserbad aufschlagen. Zucker, Zitronensaft und -schale langsam zugeben und so lange weiter schlagen, bis die Creme eine dickliche Konsistenz erhält.

3 Den heißen Lemon Curd in vorher gut gesäuberte Gläser füllen und dann sofort fest verschließen. Er hält sich verschlossen im Kühlschrank mindestens 4 Wochen.

TIPP

Mit Lemon Curd kann man nicht nur Toast oder Waffeln bestreichen, sondern auch Kuchen füllen. Oder die Soße warm zu Eis servieren.

Achten Sie beim Wasserbad unbedingt darauf, dass das Wasser nicht kocht; sonst gerinnt das Ei.

Kürbis-Quitten-Gelee

Für 12 Gläser à ca. 230 ml:
- 750 g Kürbis
- ½ Topf Zitronenmelisse
- 750 ml Quittensaft
- 2 kg Gelierzucker 1:1
- 1 Päckchen Zitronensäure (5 g)

Zubereitungszeit:
50 Min.

1 Kürbis schälen, Kerne und das faserige Innere entfernen, Fruchtfleisch würfeln. Mit ein wenig Wasser ca. 10 Minuten weich garen und mit dem Pürierstab fein pürieren.

2 Die Melisseblättchen abzupfen und fein hacken. Mit Quittensaft, Gelierzucker und Zitronensäure unter das Kürbispüree rühren. Das Ganze dann zum Kochen bringen.

3 4 Minuten unter Rühren sprudelnd kochen lassen und sofort in heiß ausgespülte Gläser füllen. Gläser fest verschließen und 5 Minuten auf die Deckel gewendet stehen lassen.

Nährwerte pro Glas:
242 kcal • 1028 kJ •
0 g EW • 0 g F • 60 g KH

Zimtbutter (Abb. S. 47)

Für ca. 165 g:
- 150 g Butter
- ½ TL Zimtpulver
- 2 EL Ahornsirup
- Muskatnuss, frisch gerieben

Nährwerte pro 15 g:
107 kcal • 448 kJ •
0 g EW • 11 g F • 2 g KH

1 Die zimmerwarme Butter in eine Schale geben. Zimtpulver und Ahornsirup hinzufügen. Dann das Ganze cremig und glatt rühren.

2 Die Zimtbutter mit ein wenig frisch geriebener Muskatnuss abschmecken. Abdecken und bis zum Servieren kalt stellen.

Zubereitungszeit: 5 Min.

TIPP

Bei der Butter muss unbedingt darauf geachtet werden, dass sie zimmerwarm ist, sonst lässt sie sich nicht gut verarbeiten.

Maracuja Curd

Für 4 Gläser à ca. 200 ml:
- 12 Maracujas (à ca. 60 g)
- 175 g Zucker
- 175 g Butter in Stücken
- 3 frische, zimmerwarme Eier (Größe L)

Zubereitungszeit:
75 Min.

Nährwerte pro Glas:
715 kcal • 2992 kJ •
10 g EW • 42 g F • 68 g KH

1 Maracujas halbieren, Saft, Fruchtfleisch und Kerne mit einem Teelöffel herauskratzen. Mit einem Stabmixer ca. 30 Sekunden pürieren und durch ein feines Küchensieb streichen. Die Kerne beiseitestellen.

2 200 ml Fruchtpüree abmessen. Mit Zucker und Butter in eine Rührschüssel aus Metall geben. Über einem heißen Wasserbad unter gelegentlichem Rühren erhitzen, bis sich Zucker und Butter aufgelöst haben.

3 Inzwischen 4 Twist-off-Gläser ohne Deckel auf den Rost in der Backofenmitte stellen. Bei 100 Grad 15 Minuten erwärmen, dann im ausgeschalteten Ofen ruhen lassen.

4 Die Eier mit einem Schneebesen verquirlen und unter die Fruchtmasse mengen. Unter Rühren mit einem Kunststoffteigschaber über dem Wasserbad erhitzen, bis die Masse cremig-dicklich wird; das dauert ca. 30 Minuten. Der Curd hat die richtige Konsistenz, wenn sie an leicht geschlagene Sahne erinnert; er wird beim Abkühlen fester.

5 Curd durch ein feines Sieb streichen. Nach Belieben 2–3 TL der beiseitegelegten Maracujakerne unterrühren.

6 Maracuja Curd sofort randvoll in die vorbereiteten Gläser füllen. Diese fest verschließen, abkühlen lassen und dann kalt stellen. Der Curd hält sich im Kühlschrank maximal 3 Monate.

Kakao-Orangen-Margarine (Abb. S. 49)

Für 4 Personen:
- 2 Orangen (unbehandelt)
- ½ rote Chilischote
- 100 g Halbfettmargarine (z. B. von Rama)
- 3 EL Kakaopulver
- Salz

Zubereitungszeit:
30 Min.

1 Orangen heiß waschen und trocken reiben. 1 TL der Schale fein abreiben. Früchte halbieren und auspressen. Orangensaft in einen Topf geben, erhitzen und bei mittlerer Hitze auf 1 EL einkochen lassen.

2 Chilischote waschen, trocken reiben und längs halbieren. Die Kerne entfernen und Schote fein hacken.

3 Zimmerwarme Margarine in eine Schüssel geben, Kakao darübersieben und mit einer Gabel alles glatt verrühren. Orangenschale, eingekochten Orangensaft und Chilischote untermengen. Mit Salz abschmecken und kalt stellen.

Nährwerte pro Person:
145 kcal • 607 kJ •
2 g EW • 12 g F • 8 g KH

Minz-Himbeer-Gelee

Für 4 Gläser à ca. 400 ml:
- 50 g Pfefferminze
- 400 ml Himbeersaft
- 500 ml Sekt
- 1,3 kg Gelierzucker 1:1

Zubereitungszeit:
25 Min.
Ziehzeit:
1 Std.

1 Minzeblättchen abzupfen, kalt abspülen und mit 150 ml kochendem Wasser überbrühen. Mindestens 1 Stunde durchziehen lassen.

2 Dann den Minzsud durch ein Sieb gießen und mit Himbeersaft, Sekt und Gelierzucker in einem großen Topf verrühren. Zum Kochen bringen und 4 Minuten unter Rühren sprudelnd kochen lassen.

3 Gelee sofort in gründlich gereinigte Gläser füllen und fest verschließen. 5 Minuten auf die Deckel gewendet stehen lassen.

Nährwerte pro Glas:
259 kcal • 1101 kJ •
0 g EW • 0 g F • 60 g KH

Spekulatiuscreme mit Haselnüssen (Abb. S. 51)

Für 4 Personen:
- 300 g Spekulatius
- 100 ml Kondensmilch
- 40 g geschälte Haselnüsse
- 2 TL Butter
- 1 Msp. Zimtpulver

Zubereitungszeit:
15 Min.
Einweichzeit:
20 Min.

1 Spekulatius klein brechen und in eine Schale geben. Die Kondensmilch darübergeben und die Kekse 20 Minuten einweichen lassen.

2 Haselnüsse grob hacken. Mit den eingeweichten Keksen und der Kondensmilch, Butter und Zimt in den Mixer geben. Das Ganze cremig pürieren. Abgedeckt kalt stellen.

Nährwerte pro Person:
486 kcal • 2033 kJ •
9 g EW • 29 g F • 46 g KH

TIPP

Nach Geschmack kann diese Creme noch mit etwas Honig aromatisiert werden.

Beschwipstes Quittengelee mit Vanille

Für 6 Gläser à ca. 230 ml:
- 1,25 kg Quitten
- 2 Vanilleschoten
- 1 kg Gelierzucker 1:1
- 20 ml Mandellikör

Zubereitungszeit:
30 Min.
Garzeit:
30 Min.

Nährwerte pro Glas:
197 kcal • 837 kJ •
0 g EW • 0 g F • 48 g KH

1 Quitten mit einem weichen Tuch abreiben, waschen und grob zerschneiden. Mit 1,25 l Wasser zum Kochen bringen.

2 25–30 Minuten köcheln lassen, bis die Quitten weich sind, dann in einem Sieb oder auf einem Safttuch abtropfen lassen; ersatzweise Quitten im Dampfentsafter entsaften. 1 l Quittensaft abmessen. Bei Bedarf das Ganze noch mit ein wenig Wasser auffüllen.

3 Vanilleschoten längs aufschneiden und das Mark mit einem scharfen Messer herauskratzen. Vanillemark und -schoten, Quittensaft und Gelierzucker in einem großen Topf miteinander mischen, danach bei mittlerer Hitze zum Kochen bringen und die Quittenmasse 4 Minuten unter häufigem Rühren sprudelnd kochen lassen.

4 Vanilleschoten entfernen und den Mandellikör einrühren. Das Gelee sofort in gründlich gereinigte und getrocknete Gläser füllen. Fest verschließen und 5 Minuten auf die Deckel gewendet stehen lassen.

Schoko-Nuss-Aufstrich (Abb. S. 53)

Für 4 Personen:
- 130 g Walnüsse
- 100 g Zartbitterschokolade
- 1 Prise Salz
- 1 EL neutrales Öl
- 1 EL Agavendicksaft
- ½ TL Vanilleextrakt

Zubereitungszeit:
10 Min.

Nährwerte pro Person:
361 kcal • 1510 kJ •
6 g EW • 29 g F • 18 g KH

1 Walnüsse grob hacken und in eine beschichtete Pfanne geben. Darin rösten und dabei häufig durchschwenken, damit die Nüsse nicht zu dunkel werden. Die Zartbitterschokolade ebenfalls grob hacken.

2 Walnüsse und Schokolade mit Salz, Öl und Agavendicksaft in einen Mixer geben und fein pürieren. Den Aufstrich nach Geschmack mit etwas Vanilleextrakt abschmecken.

TIPP

Wer mag, gibt noch etwas aufgeschlagene Schlagsahne unter die Creme. Damit der Aufstrich auch eine gute Streichfähigkeit hat, sollte er zwar kühl und dunkel gelagert werden, aber möglichst nicht im Kühlschrank. Daher muss er auch rasch verbraucht werden.

Holunderbeerengelee mit Zimt

Für 5 Gläser à ca. 270 ml:
- 1,2 kg Holunderbeeren (geputzt gewogen)
- 1 kg Gelierzucker 1:1
- ¼ TL Zimtpulver
- ¼ TL Kardamompulver
- 2 EL Zitronensaft, frisch gepresst

Zubereitungszeit:
50 Min.

1 Die Holunderbeeren kalt waschen und entstielen. In 125 ml Wasser geben, erhitzen und darin weich kochen. Danach die Beeren durch ein Haarsieb passieren.

2 Fruchtmark mit Gelierzucker, Gewürzen und Zitronensaft vermischen und unter häufigem Rühren zum Kochen bringen. Das Ganze dann 4 Minuten sprudelnd durchkochen lassen, dabei immer wieder umrühren.

3 Das Gelee sofort heiß in gründlich gereinigte Gläser füllen und fest verschließen.

Nährwerte pro Glas:
203 kcal • 864 kJ •
1 g EW • 0 g F • 49 g KH

Schoko-Sahne-Creme (Abb. S. 55)

Für 1 Glas à ca. 400 ml:
- 200 g Zartbitterkuvertüre
- 50 g Butter
- 125 g Schlagsahne

Zubereitungszeit:
15 Min.

1 1 Glas mit Schraubverschluss gründlich mit heißem Wasser und Spülmittel reinigen. Auf einem sauberen Küchentuch vollständig trocknen lassen.

2 Kuvertüre hacken und in einen Topf geben. Butter und Sahne hinzufügen und das Ganze unter ständigem Rühren bei milder Temperatur erwärmen, bis eine glatte Schokoladencreme entstanden ist.

3 Die Creme in das vorbereitete Glas füllen und abkühlen lassen. Dann im Kühlschrank kalt stellen. Zum Servieren auf Zimmertemperatur erwärmen lassen.

Nährwerte pro Glas:
1740 kcal • 7280 kJ •
20 g EW • 143 g F • 97 g KH

Apfel-Wacholder-Gelee

Für 6 Gläser à ca. 230 ml:
- 1,5 kg Äpfel (z. B. Golden Delicious)
- 1 kg Gelierzucker 1:1
- 3 Vanilleschoten
- 5 cl Wacholderschnaps

Zubereitungszeit:
25 Min.
Abkühlzeit:
1 Std.

1 Äpfel waschen und mit Kerngehäusen und Schale in Stücke schneiden. Mit 250 ml Wasser in einen Topf geben und weich kochen. Das Fruchtmus durch ein Tuch pressen. Diesen Saft ca. 1 Stunde abkühlen lassen.

2 1 l erkalteten Saft mit Gelierzucker und aufgeschlitzten Vanilleschoten in einem Topf verrühren. Unter Rühren aufkochen und 5 Minuten sprudelnd kochen lassen.

3 Vanilleschoten entfernen und Wacholderschnaps unterrühren. Gelee heiß in zuvor gründlich gesäuberte Gläser füllen und sofort fest verschließen.

Nährwerte pro Glas:
215 kcal • 914 kJ •
0 g EW • 0 g F • 52 g KH

Frisches Apfelgelee mit Basilikum

(Abb. S. 37)

Für 7 Gläser à ca. 250 ml:

- 300 g Äpfel (z. B. Jonagold)
- 7 Basilikumblätter
- 1 l klarer Apfelsaft
- 500 g Gelierzucker 3:1 (z. B. von SweetFamily)

Zubereitungszeit:
30 Min.

Nährwerte pro Glas:
305 kcal • 1276 kJ •
1 g EW • 1 g F • 75 g KH

1 7 Gläser à ca. 250 ml Inhalt gründlich mit heißem Wasser und Spülmittel reinigen. Anschließend die Gläser auf einem sauberen Küchentuch vollständig trocknen lassen.

2 Äpfel waschen und vierteln. Die Kerngehäuse herausschneiden und das Fruchtfleisch schälen. Apfelstücke auf einer Küchenreibe grob raspeln und 250 g abwiegen. Basilikum vorsichtig waschen und mit Küchenpapier trocken tupfen, dann die Blättchen in feine Streifen schneiden.

3 Die geriebenen Äpfel mit Apfelsaft und Gelierzucker in einen Topf geben und vermischen. Dann das Ganze unter ständigem Rühren zum Kochen bringen und 3 Minuten sprudelnd kochen lassen, dabei immer weiter umrühren, damit die Fruchtzubereitung nicht am Topfboden ansetzt.

4 In jedes Glas Streifen von 1 Blatt Basilikum geben. Nach erfolgreicher Gelierprobe das Gelee sofort in die vorbereiteten Gläser füllen und diese gut verschließen.

TIPP

Je nach verwendeter Apfelsorte lässt sich der Geschmack des Gelees variieren. Äpfel aus dem eigenen Garten oder von Bauern und Streuobstwiesen aus der Nähe setzen dem Qualitätsmerkmal „selbst gemacht“ noch die Krone auf!

Aufstriche mit Butter, Käse & Co.

Kräuterbutter mit Dill (Abb. S. 59)

Für 6 Personen:
- 200 g weiche Butter
- ½ Bd. Petersilie
- 1 Bd. Dill
- 3 Stängel Zitronenverbene
- 1 EL Zitronensaft
- 1 TL abgeriebene Zitronenschale (unbehandelt)
- Salz
- weißer Pfeffer

Zubereitungszeit:
15 Min.
Kühlzeit:
1 Std.

1 Die weiche Butter in eine Rührschüssel geben. Petersilie und Dill mit kaltem Wasser abbrausen, trocken schütteln und anschließend ohne grobe Stielenden fein hacken.

2 Zitronenverbene ebenfalls abbrausen und trocken schütteln. Blättchen von den Stängeln zupfen und fein hacken.

3 Butter mit gehackten Kräutern, Zitronensaft und Zitronenschale gründlich verrühren. Kräuterbutter mit Salz und etwas weißem Pfeffer würzen. Das Ganze in ein Schälchen geben und abgedeckt mindestens 1 Stunde in den Kühlschrank stellen.

Nährwerte pro Person:
347 kcal • 1452 kJ •
7 g EW • 29 g F • 15 g KH

TIPP

Zitronenverbene hat ein feines zitroniges Aroma. Sollte man keine bekommen, kann auch etwas Zitronenmelisse verwendet werden. Dann reichen aber 2 Stängel, da sie intensiver im Geschmack ist.

Quarkcreme mit Radieschen

Für 4 Personen:
- 1 Bd. Radieschen
- Salz
- 200 g Quark
- 250 g Frischkäse
- 1 EL Naturjoghurt
- Pfeffer aus der Mühle
- 1 EL Zitronensaft, frisch gepresst
- 1 Bd. Schnittlauch
- 1 Kästchen Kresse

Zubereitungszeit:
20 Min.

1 Radieschen putzen, waschen und in dünne Stifte schneiden. Mit etwas Salz bestreuen.

2 Quark, Frischkäse und Joghurt glatt rühren. Mit Salz, frisch gemahlenem Pfeffer und Zitronensaft abschmecken. Anschließend die Radieschen untermengen.

3 Schnittlauch kalt abbrausen, trocken schütteln und in feine Röllchen schneiden. Kresse vom Beet schneiden. In einem Sieb mit kaltem Wasser abbrausen und trocken tupfen.

4 Schnittlauch und Kresse unter den Quark mengen. Vor dem Servieren nochmals abschmecken.

Nährwerte pro Person:
258 kcal • 1079 kJ •
15 g EW • 20 g F • 4 g KH

Mandel-Frischkäse-Aufstrich mit Kräutern (Abb. S. 61)

Für 4 Personen:
- 200 g Frischkäse
- 50 ml Milch
- 1 ½ Bd. Oregano
- ½ Bd. Basilikum
- 1 kleine Knoblauchzehe
- 1 kleine Schalotte
- Selleriesalz
- Pfeffer aus der Mühle
- 80 g Mandelblättchen

Zubereitungszeit:
15 Min.

Nährwerte pro Person:
300 kcal • 1255 kJ •
10 g EW • 27 g F • 6 g KH

1 Frischkäse und Milch in eine Schüssel geben und cremig verrühren. Bei Bedarf noch etwas mehr Milch dazugeben.

2 Oregano und Basilikum kalt abbrausen, Blättchen abzupfen und fein hacken. Knoblauch und Schalotte abziehen und ebenfalls fein hacken. Kräuter, Knoblauch und Schalotte unter die Frischkäsecreme rühren. Mit Selleriesalz und frisch gemahlenem Pfeffer abschmecken.

3 Die Mandelblättchen in eine beschichtete Pfanne geben und ohne die Zugabe von Fett hell rösten. Einen Teil kurz vor dem Servieren unter den Aufstrich ziehen, den Rest darüberstreuen.

TIPP

Nicht nur als Aufstrich aufs Brot schmeckt dieses Rezept lecker. Es kann auch als Dip zu Gemüse, zu Pellkartoffeln oder Kartoffelpuffern gereicht werden. Oder servieren Sie es zu gegrilltem Fleisch.

Käse-Eier-Aufstrich

Für 4 Personen:
- 2 Eier
- 1 Schalotte
- 4 Cornichons
- 1 Bd. Schnittlauch
- 150 g Frischkäse
- 100 g Crème fraîche
- Salz
- Pfeffer aus der Mühle

Zubereitungszeit:
10 Min.

1 Eier an der stumpfen Seite mit einer Nadel anstechen. Dann die Eier in einem Topf mit Wasser bedecken und in ca. 10 Minuten hart kochen. Abschrecken, pellen und auskühlen lassen. Anschließend fein hacken.

2 Schalotte schälen und mit den Cornichons sehr fein hacken. Schnittlauch abbrausen, trocken schütteln und in feine Röllchen schneiden.

3 Frischkäse mit Crème fraîche glatt rühren. Eier, Schalotte, Cornichons und Schnittlauchröllchen unterrühren.

4 Käse-Eier-Aufstrich mit 1-2 EL der Cornichon-Flüssigkeit abschmecken. Mit Salz und Pfeffer würzen.

Nährwerte pro Person:
211 kcal • 883 kJ •
8 g EW • 19 g F • 2 g KH

Frischkäse mit Peperoni (Abb. S. 63)

Für 4 Personen:
- 1 grüne Peperoni
- 2 Schalotten
- ½ Bd. glatte Petersilie
- 400 g Doppelrahmfrischkäse
- 50 g Schlagsahne
- Salz
- Pfeffer aus der Mühle

Zubereitungszeit:
15 Min.

1 Die Peperoni waschen und trocken tupfen. Putzen, die Kerne entfernen und Schote fein hacken.

2 Schalotten abziehen und in feine Würfel schneiden. Petersilie abbrausen, trocken schütteln, Blättchen abzupfen und hacken.

3 Peperoni mit Schalotten und Petersilie in eine Schale geben. Frischkäse und Sahne hinzufügen und alles glatt verrühren. Mit Salz und frisch gemahlenem Pfeffer abschmecken.

Nährwerte pro Person:
385 kcal • 1611 kJ •
12 g EW • 36 g F • 5 g KH

TIPP

Besonders gut schmeckt dieser Aufstrich auf frisch getoastetem Brot.

Paprika-Schafskäse-Creme

Für 4 Personen:
- 4 geröstete rote Paprikaschoten (Glas)
- 100 g Schafskäse
- ½ Bd. Petersilie
- 4 eingelegte Peperoni (Glas)
- 100 g Doppelrahmfrischkäse
- Salz
- Pfeffer aus der Mühle

Zubereitungszeit:
10 Min.

1 Die gerösteten roten Paprikaschoten abtropfen lassen und mit dem Stabmixer pürieren. Schafskäse in einer Schüssel mit der Gabel zerdrücken.

2 Petersilie waschen, trocken schütteln und hacken, dabei grobe Stielenden entfernen. Peperoni abtropfen lassen, entstielen und in dünne Ringe schneiden.

3 Doppelrahmfrischkäse, Paprikamus, Peperoniringe und Petersilie unter den Schafskäse mengen. Nach Geschmack mit Salz und Pfeffer aus der Mühle würzen.

Nährwerte pro Person:
167 kcal • 699 kJ •
8 g EW • 3 g F • 4 g KH

TIPP

Der Dip passt gut zu Pellkartoffeln oder als Aufstrich für herzhafte Crêpes.

Hirtencreme *(Abb. S. 65)*

Für 4 Personen:
- 200 g Schafskäse
- 250 g Magerquark
- 2 EL Sojacreme neutral
- 3 EL Leinöl
- 2 kleine Zwiebeln
- 2 Knoblauchzehen
- 1 Bd. Petersilie
- 1 Bd. Schnittlauch
- Salz
- 1 TL getrockneter Thymian
- Pfeffer aus der Mühle
- Paprikapulver edelsüß

Zubereitungszeit:
15 Min.
Kühlzeit:
2 Std.

1 Schafskäse zerbröckeln. Dann mit Magerquark, Sojacreme sowie Leinöl in den Standmixer geben. Das Ganze zu einer cremigen Masse pürieren.

2 Zwiebeln und Knoblauch schälen, beides sehr fein würfeln. Petersilie sowie Schnittlauch waschen und trocken schütteln. Petersilie ohne die festen Stängel fein hacken und Schnittlauch in dünne Röllchen schneiden.

3 Zwiebeln, Knoblauch, Petersilie und Schnittlauch unter die Quarkmasse heben. Anschließend das Ganze mit Salz, Thymian, Pfeffer und Paprikapulver abschmecken. Vor dem Servieren mindestens 2 Stunden im Kühlschrank ziehen lassen.

Nährwerte pro Person:
286 kcal • 1197 kJ •
18 g EW • 22 g F • 5 g KH

TIPP

Schnittlauch ist ein bodenfrostbeständiges Kraut und ist aus diesem Grund gerade im Winter ein willkommener und wichtiger Vitamin-C-Spender.

Pfefferkäse mit Kresse

Für 4 Personen:
- 1 kleine rote Paprikaschote
- 1 kleine Zwiebel
- 1 Kästchen Kresse
- 1 EL grüne Pfefferkörner (Glas)
- 200 g Doppelrahmfrischkäse
- 2 EL Crème fraîche
- Salz

Zubereitungszeit:
15 Min.

1 Paprikaschote halbieren, von Kernen sowie weißen Innenhäuten befreien und kalt waschen. Dann die Schote in kleine Würfel schneiden. Zwiebel schälen und fein hacken.

2 Kresse vom Beet schneiden, in einem Sieb mit kaltem Wasser abbrausen, gründlich trocken tupfen und hacken. Pfefferkörner in ein Sieb geben, darin abtropfen lassen und dann hacken.

3 Frischkäse mit Crème fraîche in einer Schale glatt verrühren. Paprika- und Zwiebelwürfel, Kresse und Pfefferkörner dazugeben. Alles vermengen und mit Salz pikant abschmecken.

Nährwerte pro Person:
214 kcal • 895 kJ •
7 g EW • 19 g F • 5 g KH

Dreierlei Walnussbutter

Für je 8 Personen:
- je 250 g Walnüsse
- je ¼ TL Salz
- je 2 TL Walnussöl
- Honig
- Zimtpulver

Zubereitungszeit:
15 Min.
Einweichzeit (optional):
12 Std.

Nährwerte pro Person:
215 kcal • 900 kJ •
5 g EW • 21 g F • 3 g KH

Walnussbutter aus eingeweichten Walnüssen (Abb links):

1 Nüsse ca. 12 Stunden in Wasser einweichen. Anschließend das Wasser abgießen und die Walnüsse gut abtropfen lassen. Anschließend auf ein mit Backpapier ausgelegtes Backblech geben und im auf 180 Grad Ober- und Unterhitze (160 Grad Umluft) vorgeheizten Backofen ca. 15 Minuten trocknen lassen.

2 Walnüsse aus dem Ofen nehmen, bevor sie dunkel werden. Abkühlen lassen und dann grob hacken.

Walnussbutter aus gerösteten Walnüssen (Abb Mitte):

1 Backofen auf 180 Grad Ober- und Unterhitze (160 Grad Umluft) vorheizen. Die Walnüsse auf ein mit Backpapier belegtes Blech geben und im Ofen 8–10 Minuten bräunen. Anschließend Nüsse aus dem Ofen nehmen, abkühlen lassen und grob hacken.

Walnussbutter aus rohen Walnüssen (Abb rechts):

1 Die Walnüsse grob hacken.

Für alle drei Varianten:

1 Die gehackten Walnüsse jeweils in die Küchenmaschine geben und fein mahlen. Anschließend Salz und Walnussöl zugeben und das Ganze gründlich vermischen. Nach Geschmack mit ein wenig Honig oder Zimt abschmecken. Die Walnussbutter gekühlt servieren.

TIPP

Die drei Varianten schmecken unterschiedlich würzig und unterscheiden sich auch in ihrer Konsistenz.

Bohnencreme (Abb. S. 69)

Für 4 Personen:
- 400 g weiße Bohnen (Dose)
- 50 g Pinienkerne
- 4 Zweige frischer Thymian
- 2 Schalotten
- 1 Knoblauchzehe
- 2 EL Olivenöl
- 60 g Feta
- 40 g Frischkäse
- Salz
- Pfeffer aus der Mühle
- Schwarzkümmelsamen

Zubereitungszeit:
15 Min.

1 Bohnen in ein Sieb abgießen und abtropfen lassen, dabei die Flüssigkeit auffangen. Pinienkerne in einer Pfanne ohne die Zugabe von Fett rösten. Herausnehmen und abkühlen lassen. Thymian abbrausen und trocken tupfen, dann die Blättchen abstreifen und hacken.

2 Schalotten und Knoblauch abziehen und beides fein würfeln. Olivenöl in einer Pfanne erhitzen und beides darin glasig dünsten. Thymian zugeben und kurz mitdünsten. Pfanne vom Herd ziehen.

3 Schalottenmischung mit Bohnen, Pinienkernen und 2–3 EL Abtropfflüssigkeit in ein hohes Gefäß geben. Das Ganze glatt pürieren. Bei Bedarf noch etwas von der Abtropfflüssigkeit zugeben.

4 Den Feta fein zerkleinern und mit dem Frischkäse unter die Bohnencreme rühren. Mit Salz und frisch gemahlenem Pfeffer kräftig abschmecken. Mit Schwarzkümmelsamen bestreut servieren.

Nährwerte pro Person:
309 kcal • 1293 kJ •
16 g EW • 19 g F • 19 g KH

Bunter Kartoffelquark

Für 4 Personen:
- 500 g vorwiegend festkochende Kartoffeln
- 150 g Gemüsemais (Dose) oder 1 gelbe Paprikaschote
- 2 Tomaten
- je 1 Bd. Schnittlauch und Petersilie
- 250 g Quark
- 125 g Naturjoghurt
- Salz, Pfeffer aus der Mühle

Zubereitungszeit:
40 Min.

1 Kartoffeln waschen und in wenig Wasser garen. In der Zwischenzeit den Mais abtropfen lassen oder die Paprikaschote putzen, waschen und in feine Würfel schneiden.

2 Tomaten waschen, trocken reiben und in kleine Würfel schneiden. Die Kräuter kalt abbrausen, trocken schütteln und fein hacken. Gemüse und Kräuter in eine Schüssel geben. Mit Quark und Joghurt vermengen.

3 Kartoffeln abgießen, leicht auskühlen lassen und dann schälen. Anschließend in ca. 1 cm große Würfel schneiden.

4 Kartoffeln unter die Creme heben. Zum Schluss den Kartoffelquark mit Salz und frisch gemahlenem Pfeffer würzig abschmecken.

Nährwerte pro Person:
199 kcal • 833 kJ •
14 g EW • 2 g F • 30 g KH

Kräuterquark *(Abb. S. 71)*

Für 4 Personen:
- 4 Radieschen
- 2 Handvoll frische gemischte Kräuter (z. B. Kerbel, Schnittlauch und Dill)
- 250 g Quark
- 150 g saure Sahne
- 50 g Ziegenfrischkäse
- Salz
- Pfeffer aus der Mühle
- 1 Spritzer Zitronensaft

Zubereitungszeit:
15 Min.

1 Radieschen unter fließendem Wasser waschen und putzen. Dann in sehr feine Würfel schneiden. Die gemischten Kräuter kalt abbrausen, trocken schütteln und ohne grobe Stielenden fein hacken.

2 Quark, saure Sahne und Ziegenfrischkäse glatt verrühren. Die gehackten Kräuter untermengen. Das Ganze mit Salz, frisch gemahlenem Pfeffer und Zitronensaft abschmecken.

Nährwerte pro Person:
137 kcal • 573 kJ •
11 g EW • 8 g F • 4 g KH

TIPP

Dieses Rezept kann natürlich nach Belieben ergänzt werden. Schön frisch schmeckt z. B. noch etwas klein geschnittene Gurke. Der Quark schmeck übrigens nicht nur auf Brot sehr lecker, auch als Beilage zu Gegrilltem macht er eine sehr gute Figur.

Cremiger Gorgonzolaaufstrich

Für 4 Personen:
- 2 Frühlingszwiebeln
- 3 EL Walnüsse
- 150 g Gorgonzola
- 3 EL Mayonnaise
- 150 g Quark
- Pfeffer aus der Mühle

Zubereitungszeit:
10 Min.

1 Frühlingszwiebeln putzen, waschen und den hellgrünen und den weißen Teil fein hacken. Walnüsse mittelfein hacken.

2 In einer Schüssel den Gorgonzola mit einer Gabel zerdrücken. Frühlingszwiebeln und Walnüsse zugeben.

3 Mayonnaise und Quark mit dem Gorgonzola verrühren. Den Aufstrich zum Schluss mit frisch gemahlenem Pfeffer abschmecken.

Nährwerte pro Person:
273 kcal • 1142 kJ •
13 g EW • 24 g F • 2 g KH

TIPP

Noch aromatischer wird dieser Aufstrich, wenn man die gehackten Walnüsse vor der Verwendung in einer Pfanne ohne Fett unter Rühren röstet.

Hüttenkäse mit Cranberrys (Abb. S. 73)

Für 4 Personen:
- 12 Scheiben Toast
- 1 EL Butter
- 20 g Walnüsse
- 80 g getrocknete Cranberrys
- 1 kleine Birne
- 400 g Hüttenkäse
- Salz
- Cayennepfeffer
- frische Kräuter zum Bestreuen (z. B. Schnittlauch, Kresse, Kerbel)

Zubereitungszeit:
15 Min.

1 Aus den Toastscheiben Kreise ausstechen. Butter in einer Pfanne zerlassen und die Toastkreise darin von beiden Seiten goldbraun rösten.

2 Walnüsse grob hacken und dann in einer beschichteten Pfanne kurz rösten; dabei häufig durchschwenken, damit die Nüsse nicht zu dunkel werden. Cranberrys grob hacken.

3 Birne waschen und trocken reiben. Dann vierteln, vom Kerngehäuse befreien und das Fruchtfleisch in dünne Scheiben schneiden.

4 Hüttenkäse mit etwas Salz und Cayennepfeffer würzen. Cranberrys und Walnüsse locker untermischen. Kräuter kalt abbrausen, trocken schütteln und hacken.

5 Hüttenkäse auf die Brotscheiben verteilen und die Birnenscheiben daraufsetzen. Mit den Kräutern bestreut servieren.

Nährwerte pro Person:
278 kcal • 1163 kJ •
17 g EW • 8 g F • 34 g KH

Bayerische Käsecreme

Für 4 Personen:
- 1 Zwiebel
- 300 g reifer Camembert
- 50 g Butter
- 2 EL Doppelrahmfrischkäse
- Salz
- Pfeffer aus der Mühle
- Paprikapulver edelsüß
- Kümmel
- 3 Stängel Petersilie
- Zwiebelringe zum Garnieren

Zubereitungszeit:
20 Min.

1 Zwiebel schälen und sehr fein hacken. Camembert klein schneiden und mit einer Gabel zerdrücken. Butter, Frischkäse sowie Zwiebel gründlich mit dem Camembert vermengen.

2 Die Käsemischung mit Salz, Pfeffer und Paprikapulver würzen. Nach Wunsch und Geschmack noch mit etwas Kümmel pikant abschmecken.

3 Petersilie abbrausen, trocken schütteln und ohne grobe Stielenden hacken. Bayerische Käsecreme mit Zwiebelringen und Petersilie garnieren und dann servieren.

Nährwerte pro Person:
354 kcal • 1481 kJ •
18 g EW • 31 g F • 3 g KH

TIPP

Zu diesem bayerischen Schmankerlklassiker gibt es frisches Brot, Brezen, Radieschen und in Spiralen geschnittenen Rettich.

Ricottaterrine mit Feigen und Kräutern

Für 4 Personen:
- 100 g Toastbrot
- 400 g Ricotta
- 1 Ei (Größe M)
- 1 Eigelb (Größe M)
- 150 g getrocknete Feigen
- 4 Zweige Thymian
- 2 Zweige Rosmarin
- Salz
- Pfeffer aus der Mühle
- Butter für die Form

Zubereitungszeit:
25 Min.
Garzeit:
45 Min.

Nährwerte pro Person:
361 kcal • 1510 kJ •
15 g EW • 17 g F • 38 g KH

1 Toastbrot von der Rinde befreien und das Brot auf einer Küchenreibe zu feinen Bröseln raspeln. Ricotta mit Ei, Eigelb und den Toastbröseln gründlich vermengen. Dann das Ganze ca. 15 Minuten ruhen lassen.

2 In der Zwischenzeit den Backofen auf 160 Grad Ober- und Unterhitze (140 Grad Umluft) vorheizen. Die Feigen hacken.

3 Thymian kalt abbrausen, trocken schütteln und die Blättchen von den Zweigen streifen. Rosmarin ebenfalls kalt abbrausen und trocken schütteln, dann die Nadeln abzupfen und hacken.

4 Feigen und Kräuter in die Ricottamischung einrühren. Dann das Ganze mit Salz und frisch gemahlenem Pfeffer abschmecken.

5 Eine Terrinenform mit Butter ausstreichen. Die Ricottamischung einfüllen und glatt streichen. Anschließend die Terrine in den vorgeheizten Backofen auf die mittlere Schiene stellen und 40-45 Minuten garen.

6 Nach Ende der Backzeit die Terrine aus dem Ofen nehmen und etwas abkühlen lassen. Anschließend vorsichtig aus der Form lösen und bis zum Servieren kalt stellen.

TIPP

Die getrockneten Feigen können auch durch getrocknete Birnen ersetzt werden. Sie harmonieren mit den hier verwendeten Kräutern sehr gut.

Kartoffelcreme

Für 4 Personen:
- 250 g mehligkochende Kartoffeln
- Salz
- 1 kleine Zwiebel
- 2 Gewürzgurken
- ½ Bd. Schnittlauch
- 1 Bd. Radieschen
- 100 g saure Sahne
- 3 EL Schlagsahne
- ½ TL scharfer Senf
- Pfeffer aus der Mühle
- Paprikapulver edelsüß
- 4 Scheiben Bauernbrot
- 30 g Butter

Zubereitungszeit:
20 Min.
Garzeit:
25 Min.

Nährwerte pro Person:
278 kcal • 1163 kJ •
6 g EW • 13 g F • 33 g KH

1 Die Kartoffeln kalt waschen und mit der Schale in einen Topf mit leicht gesalzenem Wasser legen. Das Wasser aufkochen und die Kartoffeln in ca. 25 Minuten gar kochen.

2 Kartoffeln nach Ende der Garzeit abgießen, kurz ausdampfen lassen und dann noch heiß pellen. Durch die Kartoffelpresse in eine Schüssel drücken und etwas abkühlen lassen.

3 Zwiebel schälen und fein hacken. Die Gewürzgurken in kleine Würfel schneiden. Schnittlauch waschen, trocken schütteln und in feine Röllchen schneiden.

4 Radieschen von den Blättern lösen und gründlich waschen. Wurzelansätze entfernen.

5 Saure Sahne, Schlagsahne und scharfen Senf unter die Kartoffelmasse rühren. Zwiebel, Gewürzgurken und die Hälfte des Schnittlauchs ebenfalls untermengen. Kartoffelmasse mit Salz, frisch gemahlenem Pfeffer und Paprikapulver pikant würzen.

6 Die Brotscheiben zuerst dünn mit Butter, dann dick mit der Kartoffelcreme bestreichen. Mit den restlichen Schnittlauchröllchen bestreuen. Die Brotscheiben jeweils halbieren, auf 4 Tellern anrichten und die ganzen Radieschen dazu servieren.

TIPP

Natürlich kann dieses Rezept nach Belieben variiert werden. So geben gehackter Rucola oder Bärlauch eine aromatisch-würzige Note. Ein klein geschnittener Apfel sorgt für ein fruchtig-frisches Aroma. Und noch deftiger schmeckt es, wenn man ausgelassene Speckwürfel untermengt.

Apfel-Möhren-Aufstrich (Abb. S. 79)

Für 4 Personen:
- ¼ TL Steviapulver
- 1 Apfel
- Saft von ½ Zitrone
- 1 Möhre
- 75 g Schmand
- 100 g Quark
- ¼ Bd. Petersilie

Zubereitungszeit:
10 Min.

1 Steviapulver in wenig Wasser einweichen. Den Apfel waschen und dann Stielansatz und Kerngehäuse entfernen. Das Fruchfleisch auf einer Küchenreibe raspeln und rasch mit Zitronensaft beträufeln. Möhre schälen, putzen und ebenfalls raspeln.

2 Schmand mit Quark in eine Schale geben und glatt verrühren, dann Apfel und Möhre untermengen. Mit Steviawasser süßen.

3 Petersilie kalt abbrausen, trocken schütteln, die Blättchen abzupfen und fein hacken. Mit dem Apfel-Möhren-Aufstrich vermengen.

Nährwerte pro Person:
480 kcal • 2008 kJ •
13 g EW • 31 g F • 34 g KH

Würzige Käsecreme

Für 4 Personen:
- 1 Zwiebel
- 100 g Camembert
- 100 g Quark
- 120 g Schmelzkäse
- 2 Eigelb (Größe M)
- 100 g weiche Butter
- Salz
- weißer Pfeffer
- Kümmel
- Paprikapulver edelsüß

Zubereitungszeit:
15 Min.

1 Zwiebel schälen und fein hacken. Camembert in kleine Würfel schneiden und in einer Schüssel mit einer Gabel zerdrücken.

2 Quark, Schmelzkäse, Eigelb und weiche Butter gründlich mit dem Camembert verrühren. Dann die Zwiebel untermengen.

3 Die Käsecreme mit Salz, weißem Pfeffer, Kümmel und Paprikapulver abschmecken. Vor dem Servieren im Kühlschrank durchziehen lassen.

Nährwerte pro Person:
430 kcal • 1799 kJ •
15 g EW • 40 g F • 4 g KH

Avocadoaufstrich mit Quark *(Abb. S. 81)*

Für 4 Personen:

- 1 Ei (Größe M)
- 1 Zitrone
- 2 reife Avocados
- 1 Knoblauchzehe
- 120 g Quark
- Salz
- weißer Pfeffer

Zubereitungszeit:
20 Min.

Nährwerte pro Person:
194 kcal • 812 kJ •
7 g EW • 16 g F • 6 g KH

1 Das Ei an der stumpfen Seite anstechen, in einem Topf mit Wasser knapp bedecken und in ca. 8 Minuten hart kochen. Anschließend abschrecken und abkühlen lassen, dann pellen und fein hacken.

2 Zitrone halbieren und auspressen. Avocados halbieren und die Steine entfernen. Das Fruchtfleisch in eine Schale geben und den Zitronensaft dazugeben. Avocado mithilfe einer Gabel fein zerkleinern.

3 Knoblauch abziehen, durch eine Presse drücken und zur Avocado geben. Quark hinzufügen und alles glatt verrühren. Das gehackte Ei untermischen und den Aufstrich mit Salz und weißem Pfeffer abschmecken.

TIPP

Der Aufstrich schmeckt auf frischem Bauernbrot besonders lecker. Wer mag, bestreut ihn noch mit etwas frischer Kresse und gibt hauchdünne Scheiben Rettich obenauf.

Liptauer

Für 4 Personen:

- 200 g Quark
- 100 g saure Sahne
- 50 g zimmerwarme Butter
- 1 Zwiebel
- 1 Bd. Schnittlauch
- 50 g eingelegte Kapern (Glas)
- Salz, weißer Pfeffer
- 1 TL Paprikapulver edelsüß, je 1 Msp. Kümmel- und Nelkenpulver

Zubereitungszeit:
15 Min.
Kühlzeit:
30 Min.

1 Quark, saure Sahne und Butter in eine Schüssel geben und alles cremig verrühren. Zwiebel abziehen, in feine Würfel schneiden und unter die Quarkmischung rühren.

2 Schnittlauch kalt abbrausen, trocken schütteln und dann in feine Röllchen schneiden. Kapern hacken und mit etwas Sud aus dem Glas sowie den Schnittlauchröllchen in die Creme rühren.

3 Liptauer mit Salz, weißem Pfeffer, Paprikapulver, Kümmel und Nelken abschmecken. Vor dem Servieren abgedeckt ca. 30 Minuten in den Kühlschrank stellen.

Nährwerte pro Person:
304 kcal • 1272 kJ •
8 g EW • 24 g F • 11 g KH

TIPP

Besonders gut schmeckt dieser Aufstrich auf frischem Bauernbrot.

Spargelaufstrich *(Abb. S. 83)*

Für 4 Personen:
- 250 g grüner Spargel
- Salz
- 80 g Walnüsse
- ½ Bd. Schnittlauch
- 200 g Frischkäse
- 150 g Crème fraîche
- Pfeffer aus der Mühle

Zubereitungszeit:
25 Min.

Nährwerte pro Person:
427 kcal • 1787 kJ •
11 g EW • 40 g F • 6 g KH

1 Den Spargel waschen, das untere Drittel schälen und die holzigen Enden abschneiden. Die Stangen dann in leicht gesalzenem Wasser 8–10 Minuten bissfest garen. Anschließend herausnehmen, kalt abschrecken und gründlich abtropfen lassen.

2 Walnüsse mit kochendem Wasser überbrühen und kalt abschrecken. Die Haut mit einem kleinen Messer abschälen. Walnüsse nicht zu fein hacken.

3 Spargelstangen längs vierteln und dann in kleine Würfel schneiden. Schnittlauch abbrausen, trocken schütteln und in feine Röllchen schneiden.

4 Frischkäse mit Crème fraîche glatt verrühren und mit Salz und frisch gemahlenem Pfeffer würzen. Spargel, Walnüsse und Schnittlauch unter die Creme rühren.

TIPP

Besonders gut passt zu diesem Aufstrich ein herzhaftes Bauernbrot.

Pestobutter

Für 4 Personen:
- 200 g zimmerwarme Butter
- 50 g Parmesan
- 60 g Pinienkerne
- ¼ Bd. Rucola
- 1 Bd. Basilikum
- 1 EL Olivenöl
- Salz
- Pfeffer aus der Mühle

Zubereitungszeit:
25 Min.
Kühlzeit:
90 Min.

1 Die Butter mit den Quirlen das Handrührgerätes aufschlagen. Den Parmesan fein reiben. Pinienkerne in eine beschichtete Pfanne geben und ohne die Zugabe von Fett rösten. Dann abkühlen lassen.

2 Rucola abbrausen, trocken schütteln und die groben Stielenden abschneiden. Rucola grob hacken. Basilikum vorsichtig waschen und trocken tupfen, dann die Blättchen abzupfen.

3 Parmesan, Pinienkerne, Rucola, Basilikum und Olivenöl in den Blitzhacker geben und fein zerkleinern. Dann gleichmäßig unter die Butter ziehen. Diese zum Schluss mit Salz und frisch gemahlenem Pfeffer abschmecken.

4 Die Butter in eine kleine Schale geben. Abdecken und vor dem Servieren mindestens 90 Minuten kalt stellen.

Nährwerte pro Person:
537 kcal • 2247 kJ •
8 g EW • 56 g F • 2 g KH

Auberginenaufstrich

Für 4 Personen:

- 1 große Aubergine
- 1 Knoblauchzehe
- 100 g Doppelrahmfrischkäse
- 100 g griechischer Joghurt
- Salz
- Pfeffer aus der Mühle
- 1 TL Zitronensaft
- ½ TL schwarze Sesamsamen
- ½ TL helle Sesamsamen
- 2 Prisen Piment d'Espelette

Zubereitungszeit:
15 Min.
Kühlzeit:
1 Std.
Garzeit:
45 Min.

Nährwerte pro Person:
131 kcal • 548 kJ •
5 g EW • 11 g F • 4 g KH

1 Den Backofen auf 180 Grad Ober- und Unterhitze (160 Grad Umluft) vorheizen.

2 Die Aubergine waschen, trocken reiben und auf ein mit Backpapier belegtes Backblech setzen. Mit einer Gabel mehrmals einstechen und dann im heißen Ofen auf der mittleren Schiene 40–45 Minuten garen.

3 In der Zwischenzeit die Knoblauchzehe abziehen und fein hacken. Nach Ende der Garzeit die Aubergine aus dem Ofen nehmen und der Länge nach halbieren. Dann kurz ausdampfen lassen.

4 Das Fruchtfleisch der Aubergine mit einem großen Löffel aus der Schale lösen und vollständig abkühlen lassen. Anschließend mit gehacktem Knoblauch, Frischkäse und griechischem Joghurt in den Mixer geben. Die Mischung fein pürieren.

5 Den Auberginenaufstrich mit Salz, frisch gemahlenem Pfeffer und Zitronensaft abschmecken. Abdecken und im Kühlschrank ca. 1 Stunde kalt stellen. Kurz vor dem Servieren mit schwarzen und hellen Sesamsamen sowie mit Piment d'Espelette bestreuen.

TIPP

Nach Belieben kann dieser orientalisch inspirierte Auberginenaufstrich noch mit 1 EL Sesampaste, Tahin genannt, abgeschmeckt werden.

Kräuter-Idee (Abb. S. 57)

Für 4 Personen:

- 2 Handvoll frische Kräuter
- 1 kleine rote Zwiebel
- 30 g Halbfettmargarine (z. B. von Rama)
- Salz
- Pfeffer aus der Mühle

Zubereitungszeit:
15 Min.

1 Kräuter kalt abbrausen und trocken schütteln. Dann Blättchen oder Nadeln von Stängeln oder Zweigen zupfen und fein hacken. Zwiebel abziehen und in kleine Würfel schneiden.

2 Margarine in eine Rührschüssel geben. Gehackte Kräuter und Zwiebelwürfel hinzufügen und alles gründlich vermengen. Mit Salz und frisch gemahlenem Pfeffer würzen.

Nährwerte pro Person:
201 kcal • 841 kJ •
6 g EW • 7 g F • 29 g KH

TIPP

Bei den Kräutern ist erlaubt, was schmeckt. Besonders gut eignen sich beispielsweise Petersilie, Thymian, Oregano, Schnittlauch, Basilikum und/oder Dill.

Rucola-Parmesan-Aufstrich

Für 4 Personen:

- 100 g Rucola
- 1 Knoblauchzehe
- 1 Zitrone (unbehandelt)
- 100 g Parmesan, gerieben
- 30 g Pinienkerne
- 2 EL Olivenöl
- 80 g saure Sahne
- Salz

Zubereitungszeit:
15 Min.

1 Rucola waschen, trocken schütteln, putzen und grob hacken. Knoblauch schälen und zerdrücken. Zitrone heiß waschen und trocken reiben. Schale abreiben, Zitrone halbieren und eine Hälfte auspressen.

2 Rucola, Knoblauch, Zitronenschale und -saft mit Parmesan, Pinienkernen, Olivenöl und saurer Sahne in ein hohes Gefäß geben und mit einem Stabmixer pürieren.

3 Rucola-Parmesan-Aufstrich mit Salz abschmecken. Vor dem Servieren in eine Schale umfüllen.

Nährwerte pro Person:
302 kcal • 1266 kJ •
14 g EW • 21 g F • 15 g KH

TIPP

Mit Basilikumblättchen und Pinienkernen garniert servieren.

Aufstriche mit Gemüse, Nüssen & Co.

Avocado-Paprika-Aufstrich (Abb. S. 89)

Für 4 Personen:
- 1 gelbe Paprikaschote
- 1 Bd. Schnittlauch
- 1 Limette (unbehandelt)
- 2 reife Avocados
- 100 g Seidentofu
- 2 EL Olivenöl
- ½ TL Honig
- Salz
- Cayennepfeffer
- 1 Kästchen Shisokresse (ersatzweise Gartenkresse)

Zubereitungszeit:
15 Min.

Nährwerte pro Person:
182 kcal • 761 kJ •
3 g EW • 15 g F • 8 g KH

1 Paprikaschote waschen, putzen und in sehr feine Würfel schneiden. Schnittlauch waschen, trocken schütteln und in feine Röllchen schneiden. Limette heiß waschen, trocken reiben, die Schale dünn abreiben und den Saft auspressen.

2 Avocados halbieren, Steine entfernen und das Fruchtfleisch mit einem Esslöffel aus der Schale lösen. Fruchtfleisch sofort mit Limettensaft beträufeln.

3 Avocadofruchtfleisch, Seidentofu, Limettenschale, Olivenöl und Honig in einen hohen Rührbecher geben. Mit Salz und Cayennepfeffer würzen. Dann das Ganze fein pürieren.

4 Schnittlauchröllchen und die Hälfte der Paprikawürfel unter die Avocadomasse mengen. Den Aufstrich in eine Schale geben und mit den restlichen Paprikawürfeln bestreuen. Kresse vom Beet schneiden und ebenfalls über den Aufstrich streuen.

TIPP

Hierzu passt frisches Vollkornbrot oder Landbrot besonders gut. Achten Sie bei den Avocados unbedingt darauf, dass sie reif sind, nur so lassen sie sich mühelos pürieren.

Kürbisrelish

Für 4 Personen:
- 200 g Kürbisfruchtfleisch
- 3 TL Weißweinessig
- Salz
- Pfeffer aus der Mühle
- 1 Knoblauchzehe
- 1 rote Zwiebel
- 20 g geschälte Kürbiskerne
- 1 EL Rapsöl

Zubereitungszeit:
20 Min.

1 Kürbisfruchtfleisch klein würfeln. Die Hälfte mit Essig, Salz und Pfeffer in eine Pfanne geben und erhitzen. In ca. 10 Minuten weich dünsten und anschließend pürieren.

2 Knoblauch sowie Zwiebel schälen und hacken. Beides mit dem übrigen Kürbis zum Püree geben. Alles gründlich vermengen und mit Salz und frisch gemahlenem Pfeffer abschmecken. Kürbiskerne in Öl rösten und vor dem Servieren über das Relish streuen.

Nährwerte pro Person:
69 kcal • 289 kJ •
3 g EW • 5 g F • 3 g KH

TIPP

Besonders gut schmeckt dieses Relish auf Ciabatta, Baguette oder Walnussbrot.

Mediterraner Nussaufstrich (Abb. S. 91)

Für 4 Personen:

- 100 g Kidneybohnen (Dose)
- 1 Zwiebel
- 2 Knoblauchzehen
- 3 Stängel Petersilie
- 3 Stängel Basilikum
- 3 Stängel Dill
- je 15 g gehackte und gemahlene Walnüsse
- 1 EL Olivenöl
- 1 EL Zuckerrübensirup
- Salz, Pfeffer aus der Mühle

Zubereitungszeit:
25 Min.

1 Bohnen in ein Sieb geben, kalt abbrausen und abtropfen lassen. Zwiebel und Knoblauch abziehen und beides in feine Würfel schneiden.

2 Petersilie, Basilikum und Dill mit kaltem Wasser abbrausen und trocken schütteln. Kräuter ohne die groben Stielenden hacken.

3 Bohnen in einen Mixer geben. Zwiebel, Knoblauch, Kräuter, Walnüsse, Olivenöl und Zuckerrübensirup dazugeben. Das Ganze fein pürieren.

4 Den Aufstrich mit Salz und frisch gemahlenem Pfeffer abschmecken. Bei Bedarf noch etwas Olivenöl unterrühren.

5 Den Nussaufstrich in ein Schälchen geben. Bis zum Servieren abgedeckt in den Kühlschrank stellen.

Nährwerte pro Person:
100 kcal • 418 kJ •
3 g EW • 7 g F • 6 g KH

Eieraufstrich mit Kräutern

Für 4 Personen:

- 4 Eier (Größe M)
- 3 EL Senf
- 2 EL Weißweinessig
- 3 EL Sonnenblumenöl
- ½ Bd. Petersilie
- ½ Bd. Dill
- Kräutersalz
- Pfeffer aus der Mühle

Zubereitungszeit:
30 Min.

1 Eier an der stumpfen Seite anstechen. In einem Topf knapp mit Wasser bedecken und in 8–10 Minuten hart kochen. Dann kalt abschrecken und abkühlen lassen. Anschließend pellen, längs halbieren und Eigelb herauslösen.

2 Eigelb mit einer Gabel fein zerdrücken, mit Senf, Essig und Öl verrühren. Eiweiß sehr fein hacken und unter die Soße mengen.

3 Petersilie und Dill waschen, trocken schütteln und fein hacken. Unterrühren und mit Salz und Pfeffer abschmecken.

Nährwerte pro Person:
169 kcal • 700 kJ •
8 g EW • 14 g F • 2 g KH

TIPP

Dijon-Senf eignet sich wegen seines intensiven Geschmacks besonders für diesen Aufstrich.

Kichererbsencreme mit Harissa

Für 4 Personen:
- 400 g Kichererbsen (Dose)
- 2 Knoblauchzehen
- 3 EL Sesampaste (Tahin)
- 4 EL Sesamöl
- 5 EL Zitronensaft, frisch gepresst
- Harissapaste nach Geschmack
- Salz

Zubereitungszeit:
15 Min.
Garzeit:
30 Min.

Nährwerte pro Person:
221 kcal • 925 kJ •
7 g EW • 13 g F • 19 g KH

1 Kichererbsen mit der Flüssigkeit aus der Dose in einen Topf geben. Den Deckel auflegen und die Kichererbsen in 20–30 Minuten sehr weich kochen.

2 Nach Ende der Garzeit die Kichererbsen in ein Sieb abgießen und dabei die Flüssigkeit auffangen. Die Kichererbsen abtropfen lassen.

3 Knoblauchzehen schälen, mit einem breiten Messerrücken zerdrücken und in den Mixer geben. Kichererbsen, Sesampaste, Sesamöl und Zitronensaft hinzufügen und das Ganze zu einer feinen, homogenen Creme pürieren.

4 Die Kichererbsencreme mit Harissapaste und Salz abschmecken. Je nach gewünschter Konsistenz bei Bedarf noch etwas Kochwasser untermischen. In eine Schale füllen und vor dem Servieren noch ein wenig durchziehen lassen.

TIPP

Neben geröstetem Weißbrot passt Pfannenbrot sehr gut dazu. Dafür 15 g frische Hefe in 175 ml Wasser auflösen. 250 g Mehl mit der Hefelösung und ½ TL Salz zu einem glatten Teig verkneten. Abgedeckt an einem warmen Ort ca. 1 Stunde gehen lassen. Brotteig in 4 Stücke teilen, zu Bällchen formen und auf der bemehlten Arbeitsfläche ca. ½ cm dick ausrollen. Teigfladen abdecken und weitere 20 Minuten gehen lassen. Eine schwere Pfanne ohne Fett erhitzen und die Fladen darin bei starker Hitze 3-4 Minuten backen, bis sie leicht braun sind. Dabei ständig mit einem Tuch auf die Fladen drücken, damit sich keine Blasen bilden.

Erbsen-Avocado-Aufstrich

Für 4 Personen:
- 150 g TK-Erbsen
- 1 Limette (unbehandelt)
- 1 reife Avocado
- 1 Bd. Basilikum
- 5 EL Schlagsahne
- Salz
- 1 Msp. Chiliflocken

Zubereitungszeit:
25 Min.

Nährwerte pro Person:
163 kcal • 682 kJ •
4 g EW • 13 g F • 9 g KH

1 50 ml Wasser in einem Topf erhitzen und die Erbsen darin ca. 4 Minuten blanchieren. Anschließend in ein Sieb abgießen, mit eiskaltem Wasser abschrecken und abtropfen lassen.

2 Limette heiß waschen und trocken reiben. Die Schale fein abreiben, Limette halbieren und den Saft auspressen. Die Avocado halbieren und den Stein entfernen. Das Fruchtfleisch mit einem Löffel aus der Schale lösen und in eine Schale geben. Sofort mit 3 TL Limettensaft beträufeln.

3 Basilikum vorsichtig mit kaltem Wasser abbrausen und mit Küchenpapier trocken tupfen. Dann die Blättchen von den Stängeln zupfen und in grobe Streifen schneiden.

4 Einige Erbsen zum Garnieren beiseitelegen. Die übrigen Erbsen mit Limettenschale, Avocadofruchtfleisch, Basilikum und Sahne in einen hohen Rührbecher geben. Mit Salz und Chiliflocken würzen und dann mit dem Stabmixer fein pürieren.

5 Erbsen-Avocado-Aufstrich in eine Schale geben und mit den beiseitegelegten Erbsen garniert servieren.

TIPP

Besonders gut schmeckt dieser Aufstrich auf gerösteten Baguettescheiben. Wer mag, schneidet noch einige Scheiben Chorizo, eine würzige spanische Wurst, hauchdünn auf und brät sie dann in einer Pfanne ohne die Zugabe von Fett knusprig aus. Auf Brot und Aufstrich anrichten.

Sojaaufstrich mit Grapefruit

Für 4 Personen:

- 120 g getrocknete Sojabohnen
- 1 Grapefruit
- 2 EL Olivenöl
- 60 g Walnüsse
- 1 Bd. glatte Petersilie
- 6 Stängel Minze
- 4 Zweige Thymian
- 1 Prise Zucker
- Salz
- Pfeffer aus der Mühle
- 12 Scheiben Vollkornbaguette
- Grapefruitspalten zum Garnieren

Zubereitungszeit:
30 Min.
Einweichzeit:
12 Std.
Garzeit:
90 Min.

1 Sojabohnen in einen Topf geben und nach Packungsangabe ca. 12 Stunden mit kaltem Wasser bedeckt einweichen. Dabei den Deckel auflegen.

2 Nach Ende der Einweichzeit die Bohnen mit dem Einweichwasser im offenen Topf aufkochen und dabei den entstehenden Eiweißschaum abschöpfen. Dann die Sojabohnen im geschlossenen Topf bei milder Hitze ca. 90 Minuten weich kochen. Anschließend die Bohnen abgießen und in einem Sieb vollständig auskühlen lassen.

3 Grapefruit schälen und dabei auch die weißen Häute entfernen. Fruchtfleisch in kleine Stücke schneiden und den Saft dabei auffangen. Gut zwei Drittel der Sojabohnen mit Grapefruitsaft und -stückchen sowie dem Olivenöl in eine hohe Rührschüssel geben und mit dem Pürierstab fein zerkleinern. Danach in eine Schüssel geben.

4 Walnüsse fein hacken. Petersilie, Minze und Thymian kalt abbrausen, trocken schütteln, die Blättchen abzupfen und fein hacken.

5 Walnüsse, übrige Sojabohnen und Kräuter zu den zerkleinerten Sojabohnen geben und alles gut vermengen. Mit Zucker, Salz und frisch gemahlenem Pfeffer abschmecken.

6 Baguettescheiben leicht toasten und Walnussmischung darauf verteilen. Mit Grapefruitspalten garnieren und danach servieren.

Nährwerte pro Person:
383 kcal • 1602 kJ •
11 g EW • 18 g F • 33 g KH

Walnussaufstrich (Abb. S. 99)

Für 4 Personen:
- 2–3 EL 3-Korn-Flocken
- 1 TL Ghee
- 1 EL Walnüsse
- 1 TL Tamarisoße
- ½ TL Senf
- ½ TL Tomatenmark
- 1 EL frisches Basilikum (ersatzweise Kresse)
- Salz
- Pfeffer aus der Mühle

Zubereitungszeit:
15 Min.

1 Die Flocken mit 125 ml Wasser aufkochen und in 3–4 Minuten zu einem dicken Brei verkochen. Ghee erhitzen und die Walnüsse darin anrösten.

2 Flocken und Nüsse in einen hohen Rührbecher geben. Tamarisoße, Senf, Tomatenmark und Basilikum oder Kresse dazugeben. Das Ganze leicht mit Salz und frisch gemahlenem Pfeffer würzen. Dann fein pürieren und zum Schluss nochmals abschmecken.

Nährwerte pro Person:
44 kcal • 184 kJ •
1 g EW • 3 g F • 3 g KH

TIPP

Tamarisoße ist eine Sojasoße, die ohne Weizen hergestellt wird. Sie ist relativ stark im Geschmack. Wer kein Ghee hat, kann auch Butterschmalz verwenden.

Olivencreme

Für 4 Personen:
- 300 g gemischte Oliven
- 2 Knoblauchzehen
- 2 Sardellenfilets
- 2 EL Thymianblättchen, frisch gehackt
- ¼ TL abgeriebene Orangenschale (unbehandelt)
- 2 EL Dijonsenf
- 125 ml Olivenöl
- 4 EL Limettensaft
- Salz
- Pfeffer aus der Mühle
- Cayennepfeffer
- Thymian zum Garnieren

Zubereitungszeit:
20 Min.

1 Oliven entsteinen, fein hacken oder in der Küchenmaschine zerkleinern und danach in eine Schüssel geben. Knoblauchzehen schälen und dazupressen.

2 Sardellenfilets kalt abspülen, trocken tupfen und fein hacken. Mit den gehackten Thymianblättchen, Orangenschale, Dijonsenf, Olivenöl und Limettensaft zur Olivenmischung geben und alles gut vermengen.

3 Olivencreme mit Salz, Pfeffer und Cayennepfeffer würzig abschmecken und mit Thymian garniert servieren.

Nährwerte pro Person:
424 kcal • 1774 kJ •
3 g EW • 42 g F • 7 g KH

TIPP

Besonders gut passt zur Olivencreme Fladenbrot oder würziges Bauernbrot. Dazu dann mal einen Tomatensalat mit Schafskäse reichen.

Rote-Bete-Meerrettich-Creme *(Abb. vorn)*

Für 4 Personen:
- 100 g geschälte Mandelkerne
- 300 g Rote Bete, 1 Zwiebel
- 4 EL Olivenöl
- 2 EL Meerrettich (Glas)
- 100 ml Soja-Kochcreme (z. B. von Alpro)
- 1 EL Weißweinessig
- Salz, Pfeffer aus der Mühle
- Zucker

Nährwerte pro Person:
270 kcal • 1130 kJ •
7 g EW • 22 g F • 9 g KH

1 Mandeln über Nacht in Wasser einlegen. Danach den Ofen auf 170 Grad Ober- und Unterhitze (150 Grad Umluft) vorheizen. Rote Bete waschen, trocken tupfen und in Alufolie einwickeln. Auf ein Backblech geben und ca. 40 Minuten backen. Nach Backzeitende herausnehmen und auskühlen lassen. Dann schälen und grob schneiden.

2 Mandeln abgießen und trocken tupfen. Zwiebel schälen und fein würfeln. 1 EL Öl in einer Pfanne erhitzen und Zwiebelwürfel darin anschwitzen. Die Mandeln zugeben und kurz mit anschwitzen.

3 Zwiebel und Mandeln mit Roter Bete, Meerrettich, Soja-Kochcreme, restlichem Öl und Essig im Mixer zu einer glatten Creme pürieren. Mit Salz, Pfeffer und Zucker abschmecken.

Zubereitungszeit: 20 Min.
Einweichzeit: 12 Std.
Backzeit: 40 Min.

Möhren-Ingwer-Aufstrich *(Abb. hinten)*

Für 4 Personen:
- 1 Zwiebel, 300 g Möhren
- 100 g Kartoffeln
- 1 EL Olivenöl
- 3 Kardamomkapseln
- 1 Sternanis
- 1 Msp. Kreuzkümmelpulver
- 1 Msp. Currypulver
- 1 EL geriebener Ingwer
- 100 ml Orangensaft
- 100 ml Gemüsebrühe
- 1 EL Honig
- 100 ml Soja-Kochcreme
- Salz, Pfeffer aus der Mühle

Nährwerte pro Person:
325 kcal • 1360 kJ •
3 g EW • 29 g F • 11 g KH

1 Zwiebel, Möhren und Kartoffeln schälen und in grobe Würfel schneiden. Das Olivenöl in einem Topf erhitzen und die Zwiebel darin anschwitzen. Möhren und Kartoffeln zugeben und ca. 5 Minuten mitschwitzen lassen.

2 Kardamom, Sternanis, Kreuzkümmel, Curry, Ingwer, Orangensaft, Gemüsebrühe und Honig zufügen. Einmal aufkochen lassen und dann bei kleiner Hitze ca. 15 Minuten schmoren lassen.

3 Wenn das Gemüse weich ist, den Deckel abnehmen. Die Temperatur erhöhen und das Ganze so lange köcheln lassen, bis die Flüssigkeit verkocht ist. Dabei mehrmals umrühren.

4 Den Topf vom Herd nehmen und das Gemüse darin abkühlen lassen. Kardamomkapseln und Sternanis entfernen. Soja-Kochcreme zugeben und zu einer glatten Creme pürieren. Den Aufstrich mit Salz und Pfeffer abschmecken.

Zubereitungszeit: 30 Min.
Garzeit: 15 Min.

Lauch-Mandel-Aufstrich *(Abb. S. 103)*

Für 4 Personen:
- 2 Stangen Lauch
- 2 Scheiben Weißbrot
- 100 g gehackte Mandeln
- Pfeffer aus der Mühle
- 2 EL Sojasoße

Nährwerte pro Person:
210 kcal • 879 kJ •
9 g EW • 14 g F • 12 g KH

1 Lauch putzen und dabei die dunklen Blattenden entfernen. Den Rest klein schneiden und in ein Sieb geben. Gründlich unter fließendem kaltem Wasser waschen. Den Lauch in einen Dämpfeinsatz geben. Wasser in einen passenden Topf gießen und den Einsatz hineinsetzen. Das Wasser sollte das Sieb nicht berühren. Erhitzen und Lauch 12–15 Minuten dämpfen.

2 In der Zwischenzeit das Weißbrot von der Rinde befreien und in kleine Würfel schneiden. Die Mandeln in eine beschichtete Pfanne geben und ohne die Zugabe von Fett goldbraun rösten.

3 80 g Mandeln mit Lauch und Weißbrot in einen Mixer geben und das Ganze pürieren. Mit frisch gemahlenem Pfeffer würzen und in ein Schälchen füllen. Sojasoße über den Lauch-Mandel-Aufstrich träufeln. Mit den restlichen Mandeln bestreuen und dann servieren.

Zubereitungszeit: 15 Min.
Garzeit: 15 Min.

Klassisches Hummus

Für 4 Personen:
- 220 g getrocknete Kichererbsen
- 2 Knoblauchzehen
- 2 EL Sesampaste (Tahin)
- 2 EL Kreuzkümmelpulver
- 4 EL Zitronensaft, frisch gepresst
- 4 EL Olivenöl
- 1 Prise Cayennepfeffer
- Salz
- Olivenöl zum Beträufeln
- Paprikapulver zum Bestäuben

Nährwerte pro Person:
266 kcal • 1113 kJ •
12 g EW • 12 g F • 25 g KH

1 Kichererbsen in einer Schüssel mit 1 l Wasser übergießen und 12 Stunden einweichen. Anschließend abgießen, in einen großen Topf geben und 2 l Wasser hinzufügen. Zum Kochen bringen, dann die Hitze reduzieren und ca. 75 Minuten köcheln lassen, bis die Kichererbsen weich sind. Den entstehenden Schaum immer wieder abschöpfen.

2 Die Kichererbsen abgießen und abtropfen lassen, die Flüssigkeit auffangen. Kichererbsen etwas abkühlen lassen, dann von den losen Häutchen befreien.

3 Knoblauchzehen abziehen und zerdrücken. Mit Kichererbsen, Sesampaste, Kreuzkümmel, Zitronensaft, Olivenöl, Cayennepfeffer und 1/2 TL Salz im Mixer glatt pürieren. Nach und nach ca. 180 ml der Kochflüssigkeit zufügen, bis ein streichfähiges Püree entsteht.

4 Hummus mit Salz und etwas Zitronensaft abschmecken. In eine Schale geben, mit Olivenöl beträufeln und mit Paprikapulver dünn bestäuben.

Zubereitungszeit: 20 Min.
Einweichzeit: 12 Std.
Garzeit: 75 Min.

Linsen-Walnuss-Aufstrich (Abb. S. 105)

Für 4 Personen:

- 150 g getrocknete Linsen (z. B. Tellerlinsen)
- 60 g kalifornische Walnüsse
- 2 TL Dijonsenf
- 2 TL Rotweinessig
- Salz
- Pfeffer aus der Mühle

Zubereitungszeit:
15 Min.
Garzeit:
1 Std.

Nährwerte pro Person:
238 kcal • 996 kJ •
12 g EW • 11 g F • 23 g KH

1 Linsen in ein Sieb geben und kalt waschen. Dann mit Wasser in einen Topf geben und nach Packungsanweisung in ca. 1 Stunde weich kochen.

2 Nach Ende der Garzeit die Linsen in ein Sieb abgießen und gut abtropfen lassen. Walnüsse hacken.

3 Linsen und Walnüsse mit Senf und Rotweinessig in den Mixer geben und fein pürieren. Bei Bedarf noch etwas Wasser zugeben, um das Püree cremiger zu machen.

4 Den Aufstrich mit Salz und frisch gemahlenem Pfeffer abschmecken. Vor dem Servieren am besten vollständig auskühlen lassen.

TIPP

Der Aufstrich schmeckt gut auf kräftigem Bauernbrot. Mit frischem Gemüse wie Radieschen oder Möhren wird dieses Rezept zum leckeren Dip.

Auberginen-Sesam-Creme

Für 4 Personen:

- 3 kleine Auberginen
- 1 Knoblauchzehe
- 1 EL Sesampaste (Tahin)
- 2 EL Olivenöl
- 4 EL Zitronensaft
- Salz
- Kreuzkümmelpulver

Zubereitungszeit:
15 Min.
Garzeit:
40 Min.

1 Backofen auf 220 Grad Ober- und Unterhitze (200 Grad Umluft) vorheizen. Auberginen kalt waschen, trocken tupfen und mit einer Gabel rundum mehrmals einstechen. Auf ein mit Backpapier belegtes Blech geben und im heißen Ofen 30–40 Minuten weich backen.

2 Auberginen aus dem Ofen nehmen und abkühlen lassen. Anschließend halbieren und das Fruchtfleisch aus der Schale lösen. Knoblauch schälen, zerdrücken und mit dem Auberginenfruchtfleisch in den Mixer geben.

3 Sesampaste, Olivenöl und Zitronensaft zur Auberginenmischung geben und alles pürieren. Auberginenmus in eine Schüssel füllen und mit Salz sowie mit Kreuzkümmel abschmecken.

Nährwerte pro Person:
145 kcal • 607 kJ •
4 g EW • 9 g F • 11 g KH

Tofuaufstrich (Abb. S. 107)

Für 6 Personen:
- 2 Stängel Basilikum
- 3 Stängel Minze
- 350 g Tofu natur
- 100 g Sojajoghurt
- 50 g Sojacreme
- Salz
- Pfeffer aus der Mühle

Nährwerte pro Person:
91 kcal • 381 kJ •
10 g EW • 5 g F • 2 g KH

1 Basilikum und Minze kalt abbrausen und trocken schütteln. Die Blättchen abzupfen und hacken.

2 Tofu zerkrümeln und mit Sojajoghurt und Sojacreme in den Mixer geben. Das Ganze fein pürieren.

3 Die Tofumischung in ein Schälchen geben. Dann die gehackten Kräuter untermengen und den Aufstrich mit Salz und frisch gemahlenem Pfeffer abschmecken.

Zubereitungszeit: 15 Min.

TIPP

Der Aufstrich schmeckt nicht nur auf Brot gut, sondern auch als Dip zu Gemüse.

Mediterranes Chutney mit buntem Gemüse

Für 4 Personen:
- 100 g Tomaten
- ½ kleine Aubergine
- 1 kleine Zucchini
- 1 Stange Sellerie
- 1 Paprikaschote
- 1 Zwiebel
- 1 Knoblauchzehe
- je ½ TL Korianderkörner, Paprikapulver rosenscharf und Cayennepfeffer
- 1 Prise gemahlener Kardamom
- 2 EL Rotweinessig
- 2 EL Einmachzucker

Nährwerte pro Person:
175 kcal • 732 kJ •
3 g EW • 1 g F • 37 g KH

1 Tomaten waschen und einritzen. Dann mit kochend heißem Wasser überbrühen und häuten. Fruchtfleisch fein würfeln, dabei die Stielansätze entfernen.

2 Aubergine, Zucchini, Sellerie und Paprika waschen und die Stielansätze entfernen. Paprika entkernen und das ganze Gemüse würfeln. Zwiebel schälen und ebenfalls würfeln. Knoblauch abziehen und fein hacken. Die Korianderkörner grob zermahlen.

3 Das vorbereitete Gemüse mit Koriander, Paprikapulver, Cayennepfeffer und Kardamom in einen Topf geben. Das Ganze langsam erhitzen und unter gelegentlichem Rühren 1 Stunde leise köcheln lassen, bis die Flüssigkeit verdampft ist.

4 Rotweinessig und Einmachzucker dazugeben und alles 1 weitere Stunde köcheln lassen. Dabei gelegentlich umrühren.

Zubereitungszeit: 30 Min.
Garzeit: 2 Std.

Mandelcreme mit getrockneten Tomaten *(Abb. S. 109)*

Für 4 Personen:
- 100 g Mandeln
- 100 g getrocknete Tomaten in Öl (Glas)
- 50 g entsteinte schwarze Oliven
- 3 EL Olivenöl
- 2 Knoblauchzehen
- 1 EL Zitronensaft, frisch gepresst
- Salz

Zubereitungszeit:
15 Min.

Nährwerte pro Person:
425 kcal • 1778 kJ •
6 g EW • 44 g F • 3 g KH

1 Mandeln in eine beschichtete Pfanne geben und ohne die Zugabe von Fett rösten. Dann auskühlen lassen und in den Blitzhacker geben. Mandeln grob zerkleinern und in eine Schale geben.

2 Tomaten aus dem Öl nehmen und abtropfen lassen, dann in den Blitzhacker geben. Oliven, 4 EL Wasser und Olivenöl dazugeben und alles pürieren, bis eine glatte Paste entsteht. Bei Bedarf noch etwas Wasser dazugeben.

3 Knoblauch abziehen und klein schneiden. Mit Mandeln in den Blitzhacker geben und alles gründlich vermengen. Mandelcreme mit Zitronensaft und Salz abschmecken.

TIPP

Mandeln kann man auch im Ofen rösten. Dafür diesen auf 170 Grad Ober- und Unterhitze vorheizen. Mandeln auf einem Blech flach verteilen und auf der zweitobersten Schiene im heißen Ofen rösten. Dabei ab und zu wenden. Die Mandeln sollten nicht zu dunkel werden, da sie außerhalb des Ofens noch nachdunkeln.

Avocado-Bärlauch-Creme

Für 4 Personen:
- 1 reife Avocado
- 2 EL Zitronensaft, frisch gepresst
- 1 Bd. Bärlauch
- 1 EL Pinienkerne
- ½ EL Nussöl
- Salz
- Cayennepfeffer

Zubereitungszeit:
20 Min.

1 Avocado längs halbieren. Den Kern entfernen und das Fruchtfleisch aus der Schale lösen. In eine Schale geben und Zitronensaft zugeben. Das Ganze mit einer Gabel zerdrücken.

2 Bärlauch mit kaltem Wasser abbrausen, trocken schütteln und putzen. Dann fein hacken. Pinienkerne in eine beschichtete Pfanne geben und ohne die Zugabe von Fett rösten. Anschließend ebenfalls hacken.

3 Avocado mit Bärlauch, Pinienkernen und Nussöl vermengen. Mit Salz und Cayennepfeffer abschmecken.

Nährwerte pro Person:
64 kcal • 268 kJ •
1 g EW • 6 g F • 2 g KH

Kürbis-Nuss-Aufstrich (Abb. S. 87)

Für 4 Personen:

- 500 g Kürbis (z. B. Hokkaido)
- Olivenöl
- 1 rote Paprikaschote
- 1 Knoblauchzehe
- 50 g Walnüsse
- Salz
- Cayennepfeffer
- 4 Scheiben Vollkornbrot
- Rucola zum Garnieren

Zubereitungszeit:
25 Min.
Backzeit:
30 Min.

Nährwerte pro Person:
302 kcal • 1264 kJ •
7 g EW • 19 g F • 27 g KH

1 Den Backofen auf 220 Grad Ober- und Unterhitze (200 Grad Umluft) vorheizen. Den Kürbis entkernen und in grobe Spalten schneiden. Dann auf ein mit wenig Öl bestrichenes Backblech legen.

2 Die Paprikaschote waschen und von weißen Innenhäuten und Kernen befreien. Paprika mit der Hautseite nach oben ebenfalls auf das Blech legen. Das Gemüse im Ofen ca. 30 Minuten backen, bis die Haut der Paprika leicht bräunlich und alles weich ist.

3 Das Kürbisfleisch aus der Schale herausschaben. Die Haut der Paprikaschote ablösen und dann die Paprika grob hacken. Kürbis und die Paprika in eine Schüssel geben.

4 Die Knoblauchzehe schälen und zusammen mit den Walnüssen fein hacken. Dann beides unter das vorbereitete Gemüse mengen und 1–2 EL Olivenöl unterrühren.

5 Den Kürbis-Nuss-Aufstrich mit Salz und Cayennepfeffer abschmecken und vollständig abkühlen lassen. Zum Servieren auf Vollkornbrotscheiben streichen und nach Belieben mit etwas grob gehacktem Rucola garnieren.

TIPP

Dieser Kürbis-Nuss-Aufstrich lässt sich wunderbar auch in größeren Portionen für Gäste vorbereiten.

Aufstriche mit Fleisch & Fisch

Rillette

Für 3 Gläser à ca. 250 ml:
- 250 g fetter Speck
- 500 g Schweinefleisch (z. B. aus der Schulter)
- 2 Knoblauchzehen
- 1 Stange Lauch
- 1 Stängel Salbei
- 2 Stängel Estragon
- 2 Stängel Petersilie
- 4 cl Sherry
- 200 ml trockener Weißwein
- 2 Lorbeerblätter
- 2 EL eingelegte grüne Pfefferkörner
- Salz
- Pfeffer aus der Mühle

Zubereitungszeit:
40 Min.
Garzeit:
3 Std.

Nährwerte pro Glas:
1010 kcal • 4226 kJ •
38 g EW • 89 g F • 3 g KH

1 Den Speck in feine Würfel schneiden. Ohne Zugabe von Fett in einen Topf geben und bei kleiner Hitze ca. 20 Minuten langsam auslassen. Dabei immer wieder umrühren.

2 In der Zwischenzeit Schweinefleisch ebenfalls klein schneiden. Knoblauchzehen schälen und fein hacken. Lauch putzen, gründlich waschen und klein schneiden.

3 Salbei kalt abbrausen und trocken schütteln. Estragon und Petersilie ebenfalls mit kaltem Wasser abbrausen und trocken schütteln. Die Estragon- und Petersilienblättchen abzupfen und fein hacken.

4 Schweinefleisch zum Speck in den Topf geben und das Ganze gründlich vermengen. Dann mit Sherry ablöschen. Weißwein und ca. 100 ml Wasser angießen. Knoblauch, Lauch, Salbei und Lorbeerblätter zugeben und unter das Fleisch rühren.

5 Den Topf mit einem Deckel gut verschließen. 2–3 Stunden bei milder Hitze leise schmoren lassen. Die Fleischstücke möglichst fein mit einem Kochlöffel zerdrücken. 3 fest verschließbare Gläser gründlich mit heißem Wasser und Spülmittel reinigen und vollständig trocknen lassen.

6 Nach Garzeitende Lorbeerblätter und Salbei wieder herausnehmen. Gehackte Kräuter und grüne Pfefferkörner zugeben. Mit Salz und frisch gemahlenem Pfeffer abschmecken. Rillette in die vorbereiteten Gläser füllen und fest verschlossen abkühlen lassen.

TIPP

Lagert man sie im Kühlschrank, ist diese Rillette mindestens 2 Wochen haltbar.

Gänseschmalz-Kürbis-Aufstrich

Für 2 Gläser à ca. 500 ml:

- 750 g Muskatkürbis
- Salz
- 2 Zwiebeln
- 250 g Gänseschmalz
- 1 EL frischer Majoran
- 2 TL schwarze Pfefferkörner

Zubereitungszeit:
20 Min.
Ziehzeit:
15 Min.
Backzeit:
40 Min.

Nährwerte pro Glas:
1220 kcal • 5104 kJ •
5 g EW • 126 g F • 21 g KH

1 Den Backofen auf 180 Grad Ober- und Unterhitze (160 Grad Umluft) vorheizen. Den Kürbis vierteln und schälen, die Kerne mit einem Löffel herauskratzen. Den Kürbis in grobe Würfel schneiden, in eine Schale geben und großzügig mit Salz bestreuen.

2 Den Kürbis 15 Minuten ziehen lassen. Anschließend gründlich mit Küchenpapier abtupfen und auf einem mit Backpapier belegten Blech verteilen. Das Ganze in den heißen Ofen schieben und den Kürbis auf der mittleren Schiene 40 Minuten backen.

3 2 Gläser mit Schraubverschluss gründlich mit heißem Wasser und Spülmittel reinigen. Dann auf ein sauberes Küchentuch setzen und vollständig trocknen lassen.

4 Zwiebeln abziehen und fein hacken. 100 g Gänseschmalz in einer Pfanne erhitzen und die Zwiebeln darin langsam goldbraun rösten.

5 Den Majoran hacken und die Pfefferkörner grob schroten. Den gebackenen Kürbis in eine Schüssel geben und mit einer Gabel zerdrücken. Das restliche Gänseschmalz, Majoran, Pfeffer und die gebräunten Zwiebeln mit dem Fett unter die Kürbismasse mengen.

6 Den Gänseschmalz-Kürbis-Aufstrich mit Salz abschmecken. Anschließend zimmerwarm in die vorbereiteten Gläser füllen und die Gläser fest verschließen.

TIPP

Besonders gut schmeckt dieser rustikale Aufstrich auf frischem Bauernbrot.

Leberpastete

Für 6 Personen:
- 30 g Butter
- 30 g Mehl (Type 405)
- 150 ml Fleischfond
- 250 g Schlagsahne (mind. 30 % Fett)
- 500 g küchenfertige Schweineleber
- 150 g fetter roher Speck
- 1 Schalotte
- 2 Sardellenfilets in Öl
- 1 Ei (Größe M)
- Salz
- Pfeffer aus der Mühle
- ½ TL Pimentpulver
- ¼ TL Ingwerpulver

Zubereitungszeit:
30 Min.
Garzeit:
65 Min.

Nährwerte pro Person:
503 kcal • 2105 kJ •
22 g EW • 44 g F • 8 g KH

1 Backofen auf 200 Grad Ober- und Unterhitze (180 Grad Umluft) vorheizen. Butter in einen Topf geben und bei mittlerer Hitze aufschäumen. Mehl durch ein feines Haarsieb einstäuben und unter Rühren, am besten mit einem kleinen Schneebesen, hell anschwitzen.

2 Fleischfond unter Rühren angießen, danach die Sahne einrühren. Aufkochen, dann sofort vom Herd ziehen und etwas abkühlen lassen.

3 Schweineleber unter fließendem kaltem Wasser waschen und trocken tupfen. Bei Bedarf die Haut und dickere Adern mit einem scharfen Messer entfernen. Leber klein schneiden. Speck würfeln, Schalotte schälen und grob hacken.

4 Leber, Speck, Schalotten und Sardellenfilets durch die feine Scheibe des Fleischwolfs drehen. Die Lebermasse mit dem Ei in den abgekühlten Sahnesud einrühren. Dann das Ganze mit Salz, frisch gemahlenem Pfeffer, Piment- und Ingwerpulver würzen.

5 Masse in kleine feuerfeste Glasförmchen geben. Gut mit Alufolie abdecken und im Wasserbad im heißen Backofen ca. 45 Minuten garen.

6 Nach Ende der Garzeit den Ofen abschalten. Die Förmchen mit der Leberpastete noch ca. 20 Minuten im Ofen stehen lassen.

TIPP

Verwenden Sie für das Wasserbad am besten eine Auflaufform. Die Förmchen sollten ca. zu einem Drittel im Wasser stehen. Lassen Sie die Pastete vor dem Servieren gut abkühlen und reichen Sie frisches Brot dazu.

Lauch-Lachs-Frischkäse (Abb. S. 119)

Für 4 Personen:
- 2 dünne Stangen Lauch
- 200 g geräucherter Lachs
- 300 g Frischkäse
- 50 g Naturjoghurt
- Salz
- Pfeffer aus der Mühle

Zubereitungszeit:
15 Min.

1 Lauch putzen, gründlich unter fließendem kaltem Wasser waschen und dann in sehr dünne Ringe schneiden. Den Lachs ebenfalls in sehr feine Stücke schneiden.

2 Frischkäse mit Joghurt glatt rühren. Dann Lauch und Lachs unterheben. Zum Schluss den Lauch-Lachs-Frischkäse mit Salz und frisch gemahlenem Pfeffer würzig abschmecken.

Nährwerte pro Person:
369 kcal • 1544 kJ •
21 g EW • 30 g F • 4 g KH

TIPP

Sehr gut schmeckt dieser frische Aufstrich auf Vollkornbrot.

Bauernterrine

Für 6 Personen:
- 2 Zwiebeln
- 2 kleine Knoblauchzehen
- 5 kleine Gewürzgurken
- 150 g roher, ungeräucherter Speck
- 250 g küchenfertige Schweineleber
- ½ Bd. Petersilie
- 2 EL Schweineschmalz
- 800 g Schweinehackfleisch
- 10 cl Madeira
- Salz
- Pfeffer aus der Mühle
- Butter für die Form

Zubereitungszeit:
35 Min.
Kühlzeit:
13 Std.

1 Zwiebeln und Knoblauch abziehen und hacken. Gewürzgurken abtropfen lassen und klein würfeln. Den Speck ebenfalls in feine Würfel schneiden.

2 Schweineleber kalt waschen, mit Küchenpapier trocken tupfen, bei Bedarf von Haut und Adern befreien. Anschließend die Leber würfeln. Petersilie kalt abbrausen, trocken schütteln und ohne grobe Stielenden fein hacken.

3 Schmalz in einer großen Pfanne oder einem weiten Topf erhitzen. Hackfleisch mit Zwiebeln, Knoblauch sowie Speck zugeben und unter Rühren darin krümelig braten. Leber zugeben und 3–4 Minuten mitbraten.

4 Das Ganze mit Madeira ablöschen und gehackte Petersilie zugeben. Kräftig mit Salz und frisch gemahlenem Pfeffer würzen. Dann das Ganze auf Zimmertemperatur abkühlen lassen und anschließend abgedeckt ca. 1 Stunde in den Kühlschrank stellen.

5 Bauernterrine nochmals abschmecken. Eine Terrinenform von ca. 12 cm x 22 cm Größe mit Butter fetten und die Terrine einfüllen. Glatt streichen und ca. 12 Stunden abgedeckt in den Kühlschrank stellen.

Nährwerte pro Person:
545 kcal • 2280 kJ •
36 g EW • 40 g F • 4 g KH

Möhren-Thunfisch-Aufstrich

Für 4 Personen:
- 3 Eier (Größe M)
- 250 g Möhren
- 1 EL Zitronensaft, frisch gepresst
- 125 g Thunfisch im eigenen Saft (Dose)
- 3 Sardellenfilets in Öl
- 1 Bd. Schnittlauch
- 2 EL Kapern
- 150 g Mayonnaise
- Salz
- Pfeffer aus der Mühle

Zubereitungszeit:
20 Min.

Nährwerte pro Person:
403 kcal • 1686 kJ •
15 g EW • 36 g F • 6 g KH

1 Die Eier an der stumpfen Seite anstechen. In einen Topf legen, mit Wasser bedecken und in 8–10 Minuten hart kochen.

2 In der Zwischenzeit die Möhren schälen, auf der Küchenreibe grob raspeln und mit dem Zitronensaft beträufeln. Den Thunfisch in einem Sieb abtropfen lassen. Die Sardellenfilets in kleine Würfel schneiden.

3 Die Eier nach Ende der Garzeit abgießen, mit kaltem Wasser abschrecken, schälen und in feine Würfelchen schneiden. Den Schnittlauch kalt abbrausen, trocken schütteln und in feine Röllchen schneiden.

4 Den Thunfisch mit zwei Gabeln in kleine Stücke zupfen. Mit Möhren, Sardellen, Eiern, Kapern, Schnittlauch und der Mayonnaise in eine Schüssel geben und das Ganze vorsichtig vermengen. Den Möhren-Thunfisch-Aufstrich mit Salz und frisch gemahlenem Pfeffer abschmecken.

TIPP

Mayonnaise lässt sich natürlich auch selbst zubereiten. Achten Sie dabei unbedingt darauf, dass alle Zutaten Zimmertemperatur haben. 2 sehr frische Eigelb, 1 TL Dijonsenf, 2 TL Zitronensaft und 1 Prise Salz in eine hohe Rührschüssel geben. Mit den Quirlen des Handrührgerätes kräftig schlagen, bis die Masse cremig-schaumig ist. Dann 140 ml Pflanzenöl zuerst tropfenweise, danach in einem dünnen Strahl einfließen lassen. Währenddessen das Ganze mit den Quirlen des Handrührgerätes auf höchster Stufe schlagen. So lange rühren, bis die Mayonnaise eine cremige Konsistenz hat. Zum Schluss alles mit Salz, frisch gemahlenem Pfeffer und Zitronensaft abschmecken.

Fischaufstrich mit Thymian (Abb. S. 123)

Für 4 Personen:

- 400 g weißes Fischfilet ohne Haut (nach Angebot)
- 500 ml Gemüsebrühe
- 5 Zweige Thymian
- 75 g Schlagsahne
- 5 EL Olivenöl
- 1 TL Limettensaft
- Pfeffer aus der Mühle
- Cayennepfeffer

Zubereitungszeit:
15 Min.
Garzeit:
10 Min.

1 Das Fischfilet unter fließendem kaltem Wasser waschen. Die Gemüsebrühe in einen Topf geben und zum Kochen bringen. Fischfilet hineingeben, den Deckel auflegen und bei milder Hitze ca. 10 Minuten leise köcheln lassen. Anschließend den Fisch herausnehmen und auskühlen lassen.

2 In der Zwischenzeit Thymian kalt abbrausen, trocken schütteln und die Blättchen abstreifen. Das Fischfilet in feine Würfel schneiden und in den Mixer geben.

3 Sahne und Olivenöl zum Fisch geben und dann das Ganze zu einer glatten Creme pürieren. Den Thymian einrühren und die Creme mit Limettensaft, frisch gemahlenem Pfeffer und etwas Cayennepfeffer abschmecken. Bis zum Servieren abgedeckt kalt stellen.

Nährwerte pro Person:
293 kcal • 1226 kJ •
20 g EW • 24 g F • 1 g KH

Thunfischcreme

Für 4 Personen:

- 300 g Thunfisch im eigenen Saft (Dose)
- 2 TL Kapern
- 2 TL Pistazien
- 80 g Ricotta
- 2 TL Zitronensaft, frisch gepresst
- Salz
- Pfeffer aus der Mühle

Zubereitungszeit:
20 Min.

1 Thunfisch in ein Sieb geben und abtropfen lassen. Dann mit einer Gabel grob zerpflücken. Kapern und Pistazien hacken.

2 Thunfisch, Kapern und Pistazien in eine Schüssel geben. Ricotta dazugeben und alles gründlich vermengen.

3 Thunfischcreme mit Zitronensaft, Salz und frisch gemahlenem Pfeffer würzig abschmecken. Bis zum Servieren kalt stellen.

Nährwerte pro Person:
113 kcal • 473 kJ •
20 g EW • 3 g F • 1 g KH

TIPP

Sehr gut schmeckt dieser Aufstrich auf getoastetem Weißbrot.

Lachscreme (Abb. S. 125)

Für 4 Personen:

- 400 g Lachsfilet ohne Haut
- 500 ml Gemüsebrühe
- 2 Stängel Dill
- 75 g Schlagsahne
- 4 EL Olivenöl
- 2 EL Zitronensaft, frisch gepresst
- Salz
- Pfeffer aus der Mühle

Zubereitungszeit:
15 Min.
Garzeit:
10 Min.

1 Lachsfilet waschen. Die Gemüsebrühe in einen Topf geben und zum Kochen bringen. Lachs hineingeben und Deckel auflegen. Den Fisch bei milder Temperatur ca. 10 Minuten garen. Anschließend den Lachs herausnehmen, abtropfen und abkühlen lassen.

2 In der Zwischenzeit den Dill mit kaltem Wasser abbrausen und trocken schütteln. Die Fähnchen abzupfen und fein hacken. Ausgekühlten Lachs zerbröckeln und mit einer Gabel möglichst fein zerkleinern.

3 Lachs mit Sahne, Olivenöl und Dill in eine Schale geben und zu einer pastösen Masse verarbeiten. Mit Zitronensaft, Salz und frisch gemahlenem Pfeffer abschmecken. Zugedeckt kalt stellen.

Nährwerte pro Person:
347 kcal • 1452 kJ •
20 g EW • 29 g F • 1 g KH

Aufstrich mit geräucherter Forelle

Für 4 Personen:

- 240 g geräucherte Forellenfilets
- ½ Kästchen Kresse
- 60 g Crème fraîche
- 2 EL Zitronensaft, frisch gepresst
- 1 EL mittelscharfer Senf
- Salz
- Pfeffer aus der Mühle

Zubereitungszeit:
20 Min.

1 Forellenfilets grob hacken und in eine hohe Rührschüssel geben. Kresse vom Beet schneiden, in ein Sieb geben, mit kaltem Wasser abbrausen und gründlich abtropfen lassen. Dann zur Forelle geben.

2 Crème fraîche, Zitronensaft und Senf zum Fisch geben. Dann das Ganze mit dem Stabmixer fein pürieren.

3 Die Forellencreme mit Salz und frisch gemahlenem Pfeffer würzen. Vor dem Servieren im Kühlschrank abgedeckt durchziehen lassen.

Nährwerte pro Person:
115 kcal • 481 kJ •
13 g EW • 6 g F • 1 g KH

Griebenschmalz (Abb. S. 111)

Für ca. 16 Portionen:
- 500 g Flomen
- 2 kleine Zwiebeln
- 2 Knoblauchzehen
- 3 Pfefferkörner
- 1 säuerlicher Apfel
- 1 EL Majoran
- 1 Lorbeerblatt
- Salz

Zubereitungszeit:
35 Min.

Nährwerte pro Portion:
274 kcal • 1146 kJ •
1 g EW • 30 g F • 2 g KH

1 Flomen klein schneiden. Dann in eine Pfanne geben und bei mittlerer Temperatur auslassen, bis nur noch die Grieben übrig bleiben.

2 Zwiebeln und Knoblauch schälen und beides fein hacken. Die Pfefferkörner im Mörser zerstoßen.

3 Den Apfel schälen, vierteln, entkernen und das Fruchtfleisch in dünne Scheiben schneiden. Mit Zwiebeln sowie Knoblauch in das ausgelassene Fett geben und dünsten. Mit Majoran, zerstoßenen Pfefferkörnern, Lorbeerblatt und Salz würzen.

4 Das Ganze bei mittlerer Temperatur so lange garen, bis die Zwiebeln leicht gebräunt sind. Anschließend Lorbeerblatt entfernen und den Griebenschmalz in kleine Steinguttöpfe oder in passende Einmachgläser füllen. Die Gefäße fest verschließen.

TIPP

Griebenschmalz hält sich gekühlt mehrere Wochen.

Flomen ist der weiche Bauchspeck vom Schwein. Man muss ihn beim Metzger zumeist vorbestellen. Beim Auslassen bleiben dann nur die ausgelassenen Speckwürfel, die Grieben genannt werden, übrig.

Rucolaaufstrich mit Schinken

Für 4 Personen:
- 2 EL Pinienkerne
- 1 Bd. Rucola
- 100 g Parmaschinken
- 250 g Ricotta
- Salz
- Pfeffer aus der Mühle

Zubereitungszeit:
10 Min.

1 Pinienkerne in einer Pfanne ohne Fett unter Rühren rösten. Die Pfanne vom Herd nehmen und die Kerne abkühlen lassen.

2 Rucola waschen, trocken schütteln und fein hacken, dabei grobe Stielenden entfernen. Schinken nach Wunsch vom Fettrand befreien und klein schneiden.

3 Ricotta in eine Schüssel geben und geröstete Pinienkerne, Schinken und Rucola untermengen. Mit Salz und frisch gemahlenem Pfeffer pikant abschmecken.

Nährwerte pro Person:
182 kcal • 761 kJ •
14 g EW • 13 g F • 2 g KH

Register

Bildnachweis

Albrecht/Südwest Verlag: 77; Almond Board of California: 61, 109; Alnatura: 8 u.; Alpro: 101; Böttcher/Bassermann Verlag: 69; California Walnut Commission: 53, 67, 87, 91, 97, 105; Cranberry Marketing Committee: 7, 21, 73; Endress/Südwest Verlag: 79; Holz/Südwest Verlag: 119; IHR – Ideal Home Range: 5, 6 o. li., 9; Jessen/Südwest Verlag: 89, 95, 99; Newedel/Bassermann Verlag: 83, 115, 121; Photocuisine: 15, 19, 41, 47, 51, 55, 63, 75, 85, 93, 103, 107, 123, 125; pixelio.de: w.r.wagner 6 o. re., 6 M., 6 u.; Politt/Südwest Verlag: 23, 35; Rama: 49, 57; Rees/Südwest Verlag: 65; shutterstock.com: Africa Studio 4 o., Christian Jung 4 u., lizabarbiza 8 o., HLPhoto 10, sarsmis 45; StockFood: 29, 59, 71, 81, 111, 113, 117; SweetFamily: 11, 13, 25, 37, 39, 43; Terrafertil Goldenberries: 27; Urban/Südwest Verlag: 31; Wilde Blaubeeren aus Nordamerika: 17, 33